검은 소

Shivalinga, Cow and Calf
Nepal Kathmandu, Patan
Museum, 우한용 촬영

빛나는 시 100인선 · 075

검은 소

우한용 시집

인간과문학사

● 시인의 말

'검은 소'를 찾아서

　시집을 내는 일은 나에게, 분에 넘치는 호사일지도 모른다. 누군가는 과도한 업적주의라 비난 섞인 말을 건넬 것도 같다. 그러나 그게 언어 작업인 한 언어의 본성에 맞게, 누군가에게 말을 거는 게 순리한 일이다. 언어의 본성이란 한마디로 대화적 속성이다. 시를 통해 주고받기를 도모하는 방법 가운데 하나가 시집을 엮는 일이다. 특히 나처럼 써놓고 발표에 게으른 경우는 더욱 그러하다.
　내 시의 이력은 짧다. 삼십 년 가까이 독공을 한다고 하기는 했다. 그러나 갑년이 되어서야 《청명시집聽鳴詩集》이라는 첫 시집을 냈다. 그리고 다섯 해 뒤에 《낙타의 길》이라는 시집을 엮었다. 다시 다섯 해가 지났다. 그 동안 시집 하나는 될 만한 분량의 시편들이 쌓였다. 세 번째 시집을 엮을까 말까 망설이던 차에, 시집을 내는 데 빌미 삼을 수 있는 계기가 왔다.

《인간과문학》에서 '이 시인을 주목한다'라는 특집에 올려 주겠다는 것이었다. 내가 주목받는 시인이라? '시인'이란 말에 나는 스스로 움츠러들었다. 이른바 제도권 시인이 아니기 때문이었다. 한참 망설이다가, 시를 쓰면 시인 아닌가, 침을 꿀꺽 삼키고는 그 제안을 수용하기로 했다. 시 여섯 편을 골라 보내고, 이숭원 교수에게 글을 써 달라고 부탁했다. 이숭원 교수의 글은 나의 어설픈 시들이 훤칠한 성장을 이루기 바라는 심정에서인지 칭찬이 과해서 얼굴이 활활 달아오를 지경이었다. 이번에 시집을 내면서 그때 받은 글을 뒤에 붙이기로 했다. 이숭원 교수의 글을 시집에 올리다 보니 본문에 들어 있는 작품을 반복해서 싣게 되었다. 어여삐 보아주길 바란다.

망설임 끝에 시집 이름을 '산정山頂의 노래'라고 붙이기로 했었다. 나는 결국 산성에 이르기 위해 길을 가는 것이기 때문이다. 내가 산정에 이르기 위해 가는 길은 외견상 여행으로 나타난다. 그 여행은 근본적으로 떠돌기일 터이다. 떠도는 가운데 어느 굽이에 이르면 산정을 향하게 마련이었다. 산정에 오르고자 하는 욕망은 초월의 욕구이기도 하다. 그러나 그게 어디 쉬운 일이던가. 산정이 멀지 않았다고 숨을 고르는 순간 나는 오이디푸스처럼 나락으로 곤두박질하는 나를 확인해야 했다. 하여 나의 산정은 늘 오르기에 실패한 산정이 되곤 한다. 가도가도 아득한 산정이라야 또 오르기를 시도할 산정으로 내 앞에 우뚝하다. 산정을 향해 가는 길목마다 '검은 소'가 버티고 있었다.

말을 줄일 줄 알아야 시인이다. 나는 아직 말을 줄일 줄 모른다. 그러니 시인이 못된다.《검은 소》에 간단한 발문을 하나 붙이려 했다. 그래 다른 시인들처럼 한 여남은 줄 정도 써서 시인의 말로 올릴까 마음도 먹었다. 그런데 글을 시작해서 밀고나가다 보니 꽤 긴 허구산문이 되었다. '목우기牧牛記'란 제목을 달아, 다른 시인 안 하는 짓을 하기로 한다. 요즈음 내가 지향하는 총체문학론을 실천해 보이려는 욕망의 퇴적물이 그 글이다.

이 글을 쓰는 동안, 아내 원유은元裕恩 여사는 늦은 저녁을 준비하느라고 부엌에서 그릇 다루는 소리가 살갑다. 산정을 향해 허적거리는 발걸음을 옮기던 그 40년, 아내는 일상의 골짜기에서 늘 손이 젖어 지냈다. 저녁을 준비하는 소리에 단침이 고이는 이 입으로 숫된 가락을 읊어야 하리라. 그런 다짐을 두고 있는데 외우 석영이〈입추立秋 편지〉라는 문자를 보내왔다.

입추로 저무는 하늘/여름도 뒷모습이면/외롭고 서늘하여/저 먼저 황악산 그늘에/잠기고//무성하였으므로/그리 뜨겁던/나의 욕망들/조촐히 배웅하나니//이제는/노을 아래 서자//성숙한 이마/나직이 숙이고저.

시심으로 순치된 성정이 드러나는 시였다. 나의 노을은 달랐다. 산등을 타고 지심으로 스며드는 핏빛 노을, 지층 아래 들끓어 오르는 욕망의 마그마, 도무지 순치될 줄 모르는 이 언어 욕망, 그 욕망에 떠밀려 나는 산정을 향한 발걸음을 옮길 수밖에 없는 존재가 되었다. 코카사스 산정에 결박된 프로메테우스를 풀어내어 골짜기로 내려보내고, 그 자리에 내가 누울 생각을 하매 산정은 뒤집혀 다시 골짜기가 된다. 하여, 여기 모은 시편들은 산정과 골짜기를 오르내리는 내 언어 욕망의 화신들이다. 업을 짓는 일도 말로 하고 그걸 푸는 방법도 말이다. 내가 짓는 업이 '검은 소'이다.

　어느 때가 되어야 달빛 영롱하게 부서지는 강물을 노래할 수 있을 것인가. 바라건대 다음 시집은 '월인의 강물'쯤 되었으면 한다.*

2018년 8월 7일
입추날 지녁 우공 丁호

빛나는 시 100인선 · 075

검은 소

차례

시인의 말

제1부 골짜기 혹은 골목길

봄 아침 16
강문에서 17
대낮에 18
곶감 19
그날의 저녁놀 20
돌아가는 길 22
어버이날 24
이팝나무 꽃 26
물소리 28
이제부터는 29
인동꽃 30

제2부 호치민의 나라에서

길 34
세상은 자꾸 뒤집힌다 36
폭포 37
메콩강 38
이슬 내리는 시간에 40
아버지의 옆모습 42
달랏 민속마을 44
새들이 날아올라 46
하롱베이-아침 47
하롱베이-낮 48
하롱베이-밤 49
하롱베이-동굴 50

제3부 술탄이 다스리는 나라의 마리아

파묵칼레 54
지하도시 56
에베소(Ephesus) 57
면화성 아랫동네 58

돌마바체(Dolmabaçe) 궁전 60
히포드롬(Hippodrome)에서 62

제4부 신들의 산정을 향해 오르다

산정을 향해 떠나다 64
메테오라 65
정오의 흘레 66
피의 탑塔은 하얗다 68
호수섬 70
하니아(Xania) 72
크노소스(Knossos) 궁전 74
미르티아(Mirtia) 76
황금빛 날개의 꿈 80
이와니나 고고학 박물관 82

제5부 설산과 검은 소

카트만두 84

검은 소 86
별 87
숲은 88
짐 89
고레파니 언덕에서 90
설산 92
랄리 구라스 94
화장터에서 95
계곡 혹은 낮술 96

제6부 꿈꾸는 리얼리즘의 나라

무나물을 먹으며 100
자카란타 101
밀도密度 102
킹크랩 104
벌판의 나무 105
성스러운 숲 106
요세미티에서 107
금문교에서 108

제7부 인골 위에 세운 도시

밤 공항에서 110
돌기둥의 노래 111
네가 돌아오길 기다리며 112
언젠가 한 번 걸었던 길 113
연설하는 사람들 114
스텐카 라진을 위하여 115
무엇이 역사가 되는가 116

제8부 알리 파샤의 나라

구름 속에 나는 혼자다 118
설산이라 119
식민지 풍경 120
오흐리드(Ohrid) 호수 121
산과 강과 사람과 이야기와 122
풍경과 전쟁 124
폐허와 들꽃 126
블루 아이 127
돌의 도시 128

아폴로니아 129
산적의 마을에 내리는 햇살 130
욕망의 골짜기에서 132
눈 내리는 밤 창가에서 134

제9부 카자크의 나라, 기타

흘러가는 사람들 136
산을 마주하고 138
익어가는 놀을 위하여 139
편지 140
해바라기 141
드니프로강가에서 142
일출 143
돌과 시간 144
사이 145
마로니에 그늘 아래서 146
주의자-이데올로그 148
키예프를 떠나며 150
백조를 바라보면서 152
바르샤바 154

빛나는 시 100인선 · 075

● 우한용의 시세계
신의 산정으로 오르는 길 156
| 이숭원(문학평론가·서울여자대학교 명예교수)

● 시인의 에스프리
목우기牧牛記 | 우한용 169

제1부

골짜기 혹은 골목길

'인동꽃' 충주 앙성 상림원에서, 우한용 촬영

봄 아침

꿩이—아마 장끼일 터인데
경금속 쇳소리로 울어대어
새벽을 깨우는 통에
아니, 둔한 잠의 벽을 허무는 터라
잠을 무너뜨리고 일어나
마당에 나섰거니

자목련 마지막 꽃잎들
땅으로 툭툭 몸을 던지면서

모란 이파리 위에
다시 꽃이 되어 얹혀
모란 붉게 필 날을 기다리게 한다.

강문에서

내 다리는 육바라밀
돌기둥처럼 무겁고

파도는 웅장한 몸매
뒤척이며 뒤척이며
원형의 모음으로 일렁인다.

칼날 세워 다가온 파도는
모래밭에 자빠져
또 다른 파도 겹으로 다가오거니

일어서고 부서지는 이 물결
그거야 파도의 사연일 터이고
나는, 바람만이 살가워 자지러진다.

대낮에

그날이 6·25 터진 날이었다.

헐벗고, 잠 못 자고
기억의 갈피마다 깔린
피묻은 인정이사
이야기가 이야길 물고 나온다.

할머니며, 어머니며, 또
그리고 누이들 귀밑머리
그것도 추억이 되어 살아난다.

기찻길 옆 옥수수밭
잘도 자라는 옥수수자루마다
이빨자국 짙게 묻어 있어라.

칠십 년 세월을
대낮은 대낮이라
땡볕이 키워온 이 청청한 이파리들…….

곶감

시간과 더불어—
씨앗에서 싹트고, 잎이 벌고, 열매가 달리고,
열매가 익어서 고운 때깔 빚어내는
이토록 경이로운 축복 가운데
내가 시간과 더불어 조용히 삭아가는
어느 추운 밤 느지막에

노을빛으로 익었던 감을 칼로 도려
상처난 살갗에 물기 가시고
서리가 끼더니 마침내 시설柿雪* 눈이 내려
눈 속에 피는 복수초 기다려 견디는 추위

인정은 시간과 더불어 익고
축복의 눈 옅게 덮인 속에
비칠 듯 비칠 듯 따뜻한 핏줄

얼음장 밑 흘러가는 물줄기
거슬러 오르는 연어의 비늘
삭아가던 핏줄이 팔딱거리며 살아나거니

* 곶감 겉에 피어나는 한얀 분을 시설柿雪이라 한다.

그날의 저녁놀

그대에게 묻건대―

울렁이는 리듬 내 속에 있어
파도처럼 여울처럼 솟아나는
이 물결, 여기 있어

문득 이마 치며 다가오는
내 인식의 공간에
적이 다가오는 저녁 땅거미

그 속에 다가오는 엊그제
그 고운 얼굴이사,
내일 또 하나 그리움이려니

소망과 그리움의 여울목
함께 지나는 돌무지,

울렁이는 가슴 잦아지는
낯선 여울목에서,
그대 음성,

강여울 따라 퍼져가거니

아, 무제비 뜨던 그 시절
노을은,
찬란하지 않던가, 황홀하지 않던가.

돌아가는 길

아마, 그럴 것이야.

희미해지는 물상들
삭아가는 당신의 기억이며
약속의 밧줄에 맺힌 고는 느슨해지고
비개 낀 허리 묶어 매는 가죽띠도 헐렁해진다.

언어의 의미망이 느슨해진 틈을 타서
감각과 윤리의 경계가 풀려
법으로 통제되는 감각을 실실 웃다가
혹 나도 공범일지 몰라
아, 술을 마시지 않아도 취한 배(Le bateau ivre)*,
자유와 도취보다 환멸이 먼저 오는 날들

언덕은 사소한 일상이라서,
그 밑으로 의식이 굴러 떨어질 즈음
잔소리가 창조의 무덤이라는 안온한 위안 속으로

돌아가는 길…… 아마 그럴 것이야……
날로 익위첨대益偉添大를 거듭하는 마누라는
내면의 좌절로 휘어진 그대 허리를 거들떠보지 않고
자정 넘기지 않고 돌아온 그대를 칭찬도 할 것이다.

---

* A. Rimbaud의 시

어버이날

겨우내 추위 속에서도
곰팡이가 자라 벽을 덮었다.

여름 되기 전에 조처해야다고
더께를 긁어내고 페인트를 발라
얼룩을 하얗게 무찔러가는 사이……

부모라는 게,
어버이라는 게

자식들 먹고, 입고, 자게 하고
밤낮을 잊고 지낸 날들이사
인생의 훈장 아닌가 싶어

신역 고된 하루를 보내는 동안
잊었던 얼굴이 훤히도 떠올라
눈앞에 사물거리다 사라진다.

보고 싶은 얼굴들이사 언제라고
푸른 하늘처럼 시리지 않던가.

오늘사말로 모처럼 하늘 맑고
건넛산 녹음이 처연하게 곱다.

이팝나무 꽃

하여튼,
잠시 생각해 보건대
눈물 나는 이야긴 내 체질 아니라서
쌀밥 먹고 토한 어린 창자
거기서 피어난 꽃이란
억측을 내던져 버린 이후라야
나무가 나무로 바로서는 걸 본다.

나무가 보이니 잎이 보이고
꽃이 꽃으로 보이는 듯하다가
녹색과 백색이 순하게 어우러진
계절의 향취…… 이 또한 이념일 터라서
쌀밥 밥티 같은 빛깔,
그 징그런 이념의 깔이라서
이팝나무 그 희고 연한 꽃이
바람에 향기를 흘려 환장할 일이다.

이팝나무 꽃이
이놈의 거이 아무래도 슬퍼 보이는
이야기는 산문으로 풀어놓지 못하고

묵연히 그 슬픔이라는 걸 매만지다가

마르크스와 만델라가 만나
한낮에 벌이는 장난,
그건 우습지도 않아

희게, 희디희게, 푸른빛의 이파리 등지고
풍겨나는 희디 흰 향기…… 논리의 괄호를 닫는다.

물소리

우중에 찾아온 친구들
더불어 담소하는 웃음
사이를 지쳐가는 물소리

밤이 깊어도 자꾸 되살아나는
이팝나무 꽃물결 닮은
청순하게 절은 골짜기 물소리

녹음을 타내리는 급류 속으로
그대 노래 몇 소절 꽃빛깔 짙어라.
물소리 따라 피어나는
시간의 물보라여!

기억의 절벽에 산화하는 꿈이여!

이제부터는

말을 아껴 시를 빚고
입맛 다스려 몸을 줄여가며
품을 좁혀 사랑도 좀 덜어내고
푸른 하늘도 한 폭씩만
숲속 빈터에 받아들여
흰 구름처럼 영 넘어 날리는
날을 기다려야 하리.

날려 흩어지고는
다시는 비가 되어
쏟아지지 않아야 하리.

인동꽃

이념은 안개라서
그걸 풀어버려야
실체는
옷을 벗고 알몸으로 다가온다.

겨울을 견딘다고
그래서 대견하다고
忍冬
그런 이름을 달아 주었을 게다.

언덕 나무그늘에서
숨막혀 빈사지경이 된
뿌리
두엇을 돌자갈밭에 심었다.

그리고 두 해를 기다렸다.

게눈 같은 꽃몽오리
다닥다닥 붙어 도사리더니
향기가

알몸으로 아찔아찔 다가온다.

은빛 향기의 알몸으로 다가와선
금빛으로 해사하게 늙어가는
체취에
뼈걱대던 관절 마디마다…….

제2부

호치민의 나라에서

하롱베이, 출처-픽사베이

길

그게 꽃이라도 이젠 던져두고
얼굴 달아오르는 기억은 눈 속에 묻은 다음
양지바른 길을 골라
단장 없는 마른신
자분자분 내딛는 이 길을

어쩌면 당신은 알지도 몰라
먼지도 앉지 않는 일상의 의자
목적 없는 여행을 인생인 양 도모하고
쾨헬번호 잃은 몇 마디 발랄한 교향악
그게 의식을 지우며 양털 같은 시간을
낡은 물통에서 물방울 떨어지듯 빚어낸다는 것을

대장간에서 매일 진행되는 일과 그대로
풀무질, 망치질, 등골 훑어 내리는 땀
창, 칼, 낫 쇠스랑 같은 쇠붙이
달구어내던 그 담금질의 열기를
이제는 추억으로 갈무리하는
이 위험危險한 침강沈降이 왜 위안慰安인지 뉘 알리

꽃이사 고운 결별 끝에 다시 피거니
때로는 일과 인연과 애증마저 던져두고
벗들을 불러 홀연히 길을 나서서
그윽한 숲의 노래
눈물겨운 저녁노을
깃을 향해 돌아가는 저녁 새
그렇게 회귀하는 그림자 더불어

굽은 길목의 끝자락에 마련된
무의미가 오히려 은혜로운
길에 서서 길을 더듬으며
길에 얹힌 그림자도 밟아 보며

조용히 가라앉아 볼 일 아니던가.

세상은 자꾸 뒤집힌다

월남 남쪽 나라 사이공이
북쪽 베트남 호지명군에게 함락된 지
40년 넘어 지난 어느 여름
별이 다섯 개 붙은 쩐선호텔
창가에 붙어 서서
오토바이 경차 물밀어가는 행렬
아득한 추억인 양 내려다보는 동안
뱃심 있는 작은 나라로 산다는 게
무엇인지 생각해 본다.
중국 월나라 남쪽 월남越南
조공하다 전쟁하던 세월
제국주의 불란서 식민지
일본의 점령
민족이란 핏줄 이념이야 여벌이다.
호아저씨—
미국은 세계평화 민주수호 간판 걸고
이 땅에 피를 뿌리고 땅을 뒤집던 세월
이제는 돌아갈 길 없는 푸른 사막
낙타 없는 푸른 사막은 또한 밀림이다.

폭포

비유를 거부하는 존재들
존재는 존재라서 대상으로 남아 있지 않고
물은 물이라서 그저 아래로 흐를 뿐

흐르다가 언덕 만나 아래로 떨어지고
다시 바위에 부딪쳐 갈래지기도 해
물은 꽃이라는 은유로 다시 빠져들어

깨지고, 터지고, 흘러내려
소를 만들고 뭉쳤다가 다시 흘러내려
계곡으로 들면서 비로소 개울 이루거니

계곡을 함부로 비유하는 음험한
그대의 시적 의도, 음일함이 빛을 잃고
푸른 숲을 되비추며 푸르게 흘러간다.

폭포는 폭포거니, 다른 말을 줄이자.

메콩강

대지가 모신이란 걸 누가 모르랴
강은 강마다 어머니 젖줄이란 걸
모르는 자 지상에 살아 있다는 말은
말이 아니라 강으로 흐르지 않는다.

사이공, 짧은 숙면에 이어오는 삿된 꿈
꿈속에 나를 숨기고
계산을 해서 잇속 챙기고
해서, 새벽에도 꿈이 어지러웠어라.

도도하단 말이, 중국 장강을 본 이래
강의 표정으로 실감으로 살아 있어
여기 또한 도도한 흐름 보거니
강이 대지의 젖줄이라긴 극에 달할 도도함

대지의 음부, 농밀한 질척거림
그 위로 우거진 열대 숲 사이 뚫고
배를 밀고 저어 나가면서
끝을 알 수 없는 흐름, 그 연원을 향해

하늘 끝에 닿을 것 같은 이 흙탕물
시원의 강, 강의 시원을 감춘—

이슬 내리는 시간에

어둠이 달려간 막다른 골목
살랑거리던 나뭇잎과 분주하던 발걸음들
한낮의 체온을 소진한다.
멀리 홰를 치며 새벽이 달려올 무렵
떡징*처럼 금이 가고
하늘 문이 열린다는 돌하르방의 말씀
소름처럼 푸른 이슬이 돋고
세상의 풀잎들 서늘하게 젖는다.
햇빛은 무지갯빛으로 물들어
밤은 슬그머니 나무 그늘 뒤로 숨는다.
어제의 슬픈 기억들을 지운
투명한 백지의 하루를 위해서
행성처럼 돌며 지상에서 펼치는 하루
누구의 밥이 되어 쓰는 역사는 질겨라
떡갈나무 잎은 가지를 키우며 벌레들을 위하고
목숨들이 새끼들에게 젖을 물린다.

동쪽이 서쪽으로 기울어질 때, 저마다
키보다 길어진 그림자 앞세우며 서늘해진다.
문득 하늘 문이 닫히는 어둠의 시간

하늘과 땅이 하나가 되고
낮의 감정들이 별자리가 되어 반짝거린다.
내게도 물 내림의 시간이 온다면
삼신할망이 점지하는
가장 정제된 알맹이 하나
낳을 수 있을까

---

* 떡징은 시루떡 찔 때 소를 넣어 뗄 수 있게 한 층계.

아버지의 옆모습

베트남 한국인 가이드는
남들은 자기를 살찐 이정재란다면서
눈꼬리 내리고, 검고 윤기 나는 얼굴

봉화 출신, 서울 왔던 부모 버성거려
부친 혼자 시골 내려와 살던 무렵
월남 가려고 하니 인사는 해야겠고

밥해서 아버지랑 겸상해서 먹고
뉴스 보고, 8시 뉴스 보고, 9시 뉴스 보고
잠자기 전 뭔가 이야기를 하긴 해야는데
얘기감도 없고, 잠도 안 오고
어성버성 시간 가고

남경 상인 따라가는 심청이마냥
아침 지어 상 올려 드리고
고속버스 정류장 가는 길 20분
그날 가장 **빠른** 표 사서 차에 올라
그래도 궁금해서 커튼 열고 내다보니
아버지는 아직 안 들어가고

잠시 돌아다보는 옆모습

아버지 생각하면……
손님 여러분,
아버지처럼, 형님처럼 모시겠습니다.

문득 떠오르는
30년 전 아버지의 기울어진 얼굴

달랏 민속마을

기념품 깔끔하게 진열해 놓고
집 앞 마당에 물도 뿌려둔 뒤
동자부처인 양 아이 안고 앉아
젖 물리는 모습이 사진감이다.

건너편 공연장 마당 파초 이파리
어머니 날 낳고 젖이 불어 부푼 가슴
그 탐실한 젖가슴 사진에 갇혀
벽에 걸려 흘금거리는 이방인 눈빛들

생활이 구경거리로 주저앉은 이후
내밀한 사랑이 빨래처럼 전시되고
전시된 사랑의 기억은 돈으로 환산되어
집안은 구석구석 뒤발려져 어지럽다.

생활이 작파된 모퉁이마다 이방인들
이방인들의 헐가한 지폐 푼푼이 모아 보나
푼돈은 푼돈으로 푼푼 날아가서
마른 짚더미처럼 바람에 불려가는
이 허접한 한 시간 한 짬도

꽃은 피고, 피었던 꽃은 지폐처럼 바람을 탄다.

이 마을의 지폐에는
피가, 칸나꽃처럼 붉은 피가 묻어 있다.

새들이 날아올라

베트남 고원도시 달랏에서
남쪽 나라 시원한 땅에선
솔도 훤칠하게 자라나 미끌미끌하다.

자수, 바늘로 가는 실 꿰어
산과 들과 나무, 꽃 또한 적실하게 살아나
실올 따라 빛을 뿌리는 작품들

그래, 셋이서 일 년 일했으면
그 손공 천만 원이 비싸기야 하겠나
실가닥 따라 피어나는 무지개 풀어 버리고
다음 여정 기다리는 버스 바깥에 널린
우리 당숙 같은 또 조카 쪼무래기 닮은
그 얼굴들 새처럼 재깔거리다 터지는 웃음소리

자글자글 끓어오르는 웃음은
소나무 둥지 따라 기어오르다가
마침내 그 나무 끝
새떼처럼 날아올라 하늘로 치달아

구름 사이 뚫린 푸른 하늘 가득한 노래.

하롱베이—아침

해가 떠오른다.
수많은 섬들 줄지어선 그 너머에서
해무마저 떨쳐내며 햇살 찬란히 뿌린다.

풍경은 말이 없다. 그러나…….
칸트의 숭고는 섬 절벽을 타내린다.
니체의 비극은 밤 지난 뱃머리에 번졌다.

섬은 바다에 뿌리를 내렸다.
수심의 깊이를 알지 못하매 고뇌가 없다.
뿌리가 자라지 않는 섬은 키가 크지 않는다.

파도 일지 않는 바다에서
배를 타는 일, 점심 메뉴, 또 낮술도 있을 테고
애들이 어른보다 어른 같은 일상이 펼쳐지리라.

아침은 열에 달았나, 벌써
안식의 밤을 잊으라, 분투의 낮을 생각하지 말라
도시 막아선 섬들 앞에서 이른 신열에 부대낀다.

하롱베이 – 낮

청산백운기 靑山白雲起
이 낯익은 구절이 여기 하롱베이에서
문득 다가옴은
낯을 가리면서 내 안으로 침잠하고 싶은,
배 위로 불어가는 바닷바람 살가워
백일하에 평등해지는 물상들
잠시 제 모습으로 솟고, 퍼지고, 내리박히는
절벽으로 거부하듯 맞서는 이 바위산들

김형! 당신이 나 알아?
소통을 거부하며 술잔 물리기도 하고
박형! 잘 지내보자구. 그래서?
화해를 칼질하고 갑판에 올라와

내가 깊어질 내면이 증발했고
이디오트 사방 (l'idiot savant)
'언젠가 어디선가 본 듯한 구절인데'
그게 유행가 되어 의미의 눈물지다.
물과, 태양과, 구름과, 바람과……
그 속에 햇살에 산화하는 나의 껍질이여.

하롱베이 — 밤

해가 높아 산그림자 드리우지 않던 바다
안으로 일렁이며 잔물결 잦아들고
산봉우리들은 하늘의 별을 기다린다.

하늘엔 별이 뜨지 않고
건너편 인간의 언덕에 불빛이 요염해
잠 이루지 못하는 인간사, 섬이 뒤눕는다.

별이 떠야 밤은 밤이거늘
잔물결이 산자락 찰싹거리며 핥는 소리
섬은 잔물결에 실려 잠 못 들어 별이 없다.

밤이 밤이 아니매 육신은 피곤에 절고
피곤한 육신에 얹힌 정신 또한 흐려
파도 소리 듣지 못하는 바위산일 뿐

산과 바다에 별이 내려야 밤이다.
밤 없는 섬과 잠 못 드는 바다에 와서
인간이 인간임을 부끄러워하다 날이 샌다.

하롱베이 – 동굴

순간 – 지진
지속 – 침식, 융기
영원 – (   )
이 허황한 괄호 속을 채울 두 음절
영원을 만들어내는 '언어'라는 것

시간과 땅이,
아니 물과 땅이 시간의 침상에서
오랜 흘레를 거듭하는 동안
천궁이, 조개구름 뜬 궁륭이 빚어지고
때로는 돌이 녹아내리며 석순이 자라
종유석이며 돌기둥 - 음습한 공간 시간의 냄새.
그저 흔한 말로 오케스트레이션
혹은 교향交響이라고도 하거니와
존재와 비존재/순간과 영원
이데아와 형상 그 양분법을 벗어나는
시간의 춤, 공간의 너울,

인간은 인간이라 눈에 드는 것마다
곰이니 거북이니 할아버지, 손가락 또는 양물

그런 인지의미론 속으로 빠져들다가
문득,
동굴로 쏟아져 들어오는 오로라 빛줄기.

제3부

술탄이 다스리는 나라의 마리아

소피아 성당, 이스탄불에서 우한용 촬영

파묵칼레
— 히에라폴리스

파묵칼레,
한국말로 '면화성'이란다.

산이 품고 있던 석회가 녹아 나와
물길 따라 산자락에 목화솜 덮고
흰 구름 끌어내려
골짜기에 성을 지었다.

면화성 언덕에 로마인들 몰려와
신전을 세우고 성을 쌓아
토착민 범접을 저지하며
로만 테아트로 지어
연극을 하면서, 한때
아우성이 절벽을 울렸지.

역사의 핏줄에서 흘러나온
성혈^{聖血}은
때로, 우윳빛으로 고와서
성채 돌을 놓던
노동의 핏자국 지우면서

순백의 망각을 절벽으로 쌓았다.

---
* 로만 테아트로 : 1만 5천명을 수용할 수 있는 원형극장

지하도시

그래, 어쩌란 말이냐?
가슴에 피가 벌떡이는데
목숨을 한 아름 부여안고
이대로 죽을 수야 있는가.

그래, 어쩌란 말이냐?
어린양은 어미 젖 물고 음매 음매 울어
젊은 것들이 부둥켜안고
돌밭을 구르는데
사랑을 멈출 수 있는가.

그래, 어쩌란 말이냐?
야훼의 음성은 바람으로 불어가
소금산을 치올라
불길로 타오르는데
돌을 뚫어 성전을 마련해

그 앞에 무릎을 꿇어야지 않겠나.

에베소(Ephesus)

말씀의 돌무덤에
솔은 자라 청청히 고와서
흰 구름도 피워 올린다.

예루살렘에서 여기 에베소까지
성모 마리아는 말씀이 없었다.

피투성이가 되어 죽어간 아들
무덤에서 부활했다는 구세주
세상을 심판하겠다는 야훼도
그저 흘러가는 구름 그림자인 양……

글썽이듯 미소하는 얼굴……
낮은 음성으로 두어 마디 말,
"나귀 물은 주었느냐?"
"사도는 배가 불편치 않으냐?"

그 낮은 음성 말씀에
에베소 돌무지에도
풀과 나무는 자라났다.

면화성 아랫동네

대리석 언덕 타고 내리는 물줄기

길가에 자고 있는 노동자들
제 몸을 제가 추스르지 못하는
시대의 괴물, 포클레인 머리
땅에 박고 잠들어 있는 시간

낯선 풍경이 상상력을 불러온다고―
무화과, 석류, 올리브……
그 무심히 익어가는 열매들
과수나무 아래 웅크린 집들
아직 숨을 쉬고 있어
봉숭아꽃이 서럽고……

삶이란 게 그렇거니
삼면을 가릴 바람막이만
제대로 서더라도
옥수수 자라듯 아이들 크고
그 아이들 또 과일을 따며
열매마다 옹골찬 날들을

꿈꾸는 사람들.

보리밥 삶던 어머니,
젖내 남은 당목 적삼

돌마바체(Dolmabahçe) 궁전

돌마바체, 터키 궁정에 와서
왜 갑자기 팔자인가.
각득기소各得其所라 했던가.

황제와, 제후와, 그리고 대장들
제 할 일 나름대로 맡겨 두고도
결국, 불러야 하는 장인들
돌 다듬어 기둥 세우는 석공들,
화공들, 철물 공장工匠들, 목수, 배관공……
거기 어딘가 내 자리가 있을 듯

내가 내 손으로
농사를 짓는 것은
스스로 태생이 머슴이란
말인지도 몰라……

황제를 꿈꾸긴 고사하고
하다못해 군수, 면장마저 버거워
뒤로 물러앉는
좀스럽기 그지없는 소갈머리

학문을 논하고
세계의 형상을 이야기하는
나의 모습과는 인연이 멀기만 한,
아아, 돌마바체 궁전

햇살 바른 철책 앞에서
해풍에 삭아 내리는 내 삭신이여.

히포드롬(Hippodrome)에서

대낮,
이스탄불,
히포드롬—

이집트에서 실어온
오벨리스크 꼭대기
교미하던 비둘기가
평화의 똥을 지려
역사의 머리통은
기계충을 먹었다.

전차,
차륜 윙윙대는 굉음으로
광장은 열기로 달아올라
발정한 말들 거시기
바닷바람 스치면서
청동의 뱀은 머리가 달아나고

저먼 파운틴(German Fountain) 지붕에는
독일 황제가 끼었던
푸른 콘돔이 팽팽히 걸려 있다.

제4부

신들의 산정을 향해 오른다

그리스 메테오라의 수도원, 출처-픽사베이

산정을 향해 떠나다

한 생애 육십을 살았으면
아직 아스라한 그리움으로 남은
먼 들 건너 산정에 빛나는 눈빛을 찾아
길을 떠나봄 직도 하지 않은가.

이슬람 모스크 미네라트 기둥돌이
비둘기 날아나는 하늘을 찌르고 서서
해풍에 삭아가는 신의 음성
아득한 울림도 들어봄 직하지 않겠나.

삶이 아래로 아래로 내려와
대지의 자궁에 핏줄을 대는 것이라면
이야기의 끝자락 처음 비롯하는
신들의 산에 올라봄 직하지 않은가.

에게해 물결에 밀리어 흘러가서
크레타 그 먼 섬에서 주워 드는
문명의 사금파리며 아스라한 이야기
산정을 내려오는 시간의 눈사태에 묻혀봄 직하지
않은가.

메테오라
—바위산 꼭대기 성소

독수리 같은 새들도
감히 깃들이지 못하고
허공에 맴을 돌다 돌다 지나가는
저 까마득한 바위 꼭대기
지붕은 붉은 정념인 듯 세워 놓은 기도소

'산의 높이로 정신의 높이를 재지 말라'
장강삼협 안개 속에 해 긴 날 던졌던 한 마디
여기 메테오라에 와서 다시 읊어 보거니

신은 자꾸만 산으로 올리기려 안달하고
인간은 추락의 역사를 쓰고 또 쓰고 하면서
양을 잡고 빵을 굽고 야채에 올리브기름도 쳐서
육신의 자식을 어기차게 길러야 한다.

수염자리 검게 빛나는 그리스 청년
엉덩이 팡팡한 헬레네의 처녀
바위산 깨치고 새벽 바다 다시 태어나
산의 높이가 때로는 정신도 되거니
새가 앉아 발자국 내지 않는
바위산 위로 날아가는 그대 흰 옷자락.

정오의 흘레
―이스탄불

낡은 대포의 포신처럼
대낮에 발기해 일어나 버팅기는
문명의 원천 에너지란 스스로 주체를 못해
대낮에도 흘레를 하는 흘레꾼이다.

모스크라는 성전은,
말씀의 뜻을 버리고 음성만 쩡쩡한 성전은
성상과 성화와 이야기는
모두 증발해 버리고,
공간을 장식하는 말씀까지 증발해 날아가서
궁륭과 주랑과 아취만 맞물려 서서는
아라베스크 타일뿐 장식을 벗어나
순수의 공간만 덩그렇게 버티고 있다.

순수는 순수 자체라야 하는 터라
여기서는,
여자와 칼과 보석과 향료와
그리고 말씀이 등식을 이루어 핏빛마저 꽃비로
포말되어 흩어진다.

절대와 절대의 대결인데
목숨이란 다른 목숨과 맞서야
비둘기 날아오르는 축복이 된다.

피의 탑塔은 하얗다

말씀이 물결져 밀려와서는
가난한 영혼의 해변 모래밭에 속살대는
이 빛 좋은 바닷가 데살로니키에서
피 젖은 깃발을 빨래해야 하는 것은—

그럴지도 모른다,
썩어서 싹이 나야 하는 건지도 모른다.
그래서 밀알의 비유가 시가 되는지도 모른다.

예수보다 500년 앞서 살다가
소크라테스며, 플라톤, 아리스토텔레스,
그리고 알렉산더란 사내 말을 달려 휘몰아갔던 바람
바람이 그치면 새로운 새벽이 열리고
새벽은 언제나 닭이 울어 피가 터진다.
터키인들이 쌓은 탑, 지금은 백탑(white tower)이라 하는

지혜의 후손은 또한 기술(art)의 자식들
이들을 휘몰아 성을 쌓고
탑을 지어 요새로 삼아서
반역의 무리 가두었다가 온순치 못해 척살한 피의 탑

그 탑에서 바라보는 바다는 눈부신 비늘로 부서진다.

하늘은 청청히 푸르게 개어 올라가
비로소 목 잘린 영혼이 빠져 죽어도 좋은
하늘이 청청히 푸르게 개어 올라가
피 흘리는 탑은 하얗게 빛난다.

호수섬
—팜보스(Pamvos) 호수의 니시(Nisi)섬

해안이 안개에 젖어 슬픈 아일랜드
나라가 슬퍼 언어가 고운 W.B. 예이츠
그의 섬 이니스프리에는 역사가 안개에 젖었었지.

에피루스의 이와니나*, 세례 요한의 목을 바친 땅
거기 산정에 눈 덮인 서늘한 정신의 산
산그림자도 호수에 비쳐 물살짓는
물살에 간지려 키가 넘게 자라 서걱대는 갈대밭

척박한 땅 알바니아의 아들 알리 파샤,
식민지 본토 터키의 홀을 들고 요한의 땅에 와서
장사꾼들의 길을 터 주고, 세금 내려 얻은 인심
살육과 고문으로 이어지는 잔혹을 극한 장대 끝

호수와 산정을 바라보며
억센 갈대 뿌리와도 같은 사자꿈을 키웠어라.
알바니아, 에피루스, 펠로폰네소스 반도까지
그쯤은 돼야 사나이 사업이랄 수 있거니
호수섬 니시에서 사자꿈을 꾸던 사내
부모가 품은 한을 넘어서지 못하고

목이 잘려 쟁반에 올려져 이스탄불로 갔거니
보석으로 장식한 금관을 쓴 술탄의 눈알이 튀어나와

호수섬의 갈밭에서 서그럭거리며
날아오르는 알리 파샤의 새떼들……
산정에 눈으로 빛나는 하늘도 피로 물든다.

---

* 이와니나 : *Iωαννινα*. 그리스 서북부 이피로스주의 주도

하니아(Xania)

산 너머 골짜기 끝동네
바다 건너 물길 멈추는 마을
하니아에 가면 크레타의 끝자락 보일 것 같아
한 나절 달려간 크레타 섬의 항구 하니아

금모래도 없이 척박한 바닷가 지나서
올리브 무성하게 자라는 농장
산자락 연이어 넓은 골짜기 푸르게 퍼졌다.

오른편으로 묵중히 가라앉은 하늘
그 밑으로 이따금 기슭을 핥고 무너지는 파도
붉은 지붕을 인 작은 집들…… 삶이란?

문득 눈 시리게 다가오는 산을
이곳 사람들도 레프카 오리(Lefka Ori) 흰 산이라 하는
설산을 여기와 또 만난다.

그리스 반도 가로질러 웅장하고
숭엄하게 눈을 둘러쓰고 앉은 산줄기
에게해 건너 여기까지 불뚝불뚝 솟았다.

푸른 숲과 설산은 삶과 영혼의 등식을 만들어낸다.
식민지의 칼로, 창으로 다스려지지 않는 바다처럼
산정에 눈이 덮인 산은 역사 저쪽이다.

―――――
*하니아(Xania) : 크레타 섬 서쪽 끝에 있는 도시

크노소스(Knossos) 궁전

솔바람 속에 사이프러스 하늘로 자라는 언덕
돌로 지은 궁전은 시간의 지진으로 무너져 내리고
아직도 성성히 서 있는 붉은 기둥들
기둥과 돌계단을 말씀은 오르내리며 웅성거린다.

왕과 왕비를 위한 궁전은
돌기둥이나마 남았거니와
돌을 다듬어 져 올리던 할아버지의 등가죽
피멍든 손끝이며 소금쩍 돋던 땀자국

어느 젊은 내외의 침실을 지나
불타오르는 눈밭을 밟고 내려와
나와 너의 DNA 한 구석 차지하고
오늘도 바람으로 불어 가는지 몰라

올리브나무처럼 언덕을 덮고
나고 죽고, 나고 죽기를 거듭해서
왕과 왕비와 살을 섞어서
산 넘어 바다 건너 햇살 받아 번지거니

크로노스가 왜 자식을 잡아먹었는지
크노소스 궁전에 와서 알 듯도 하이.

미르티아(Mirtia)
―카잔차키스(Kazantzakis)의 고향

고향이 고향인 것은 거기 전설과 이야기가 깃들기 때문이다.
20세기 그리스의 영웅 카잔차키스가 태어나지 않았다면,
미르티아는 산세 웅장하고 골이 깊어 올리브 향기 골짜기마다 가득해도
거기가 아무개의 고향으로 기억되지 못하리.
하늘은 자연을 내고,
그 자연이 아름다운 것은 거기 인간이 깃들기 때문이리라.

신과 인간이 교합하여
몸은 황소이고 머리가 수려한 얼굴을 한 인간이 태어나
핏빛 고뇌에 시달려, 자신의 운명 벗어나지 못하고 방황하는 동안,
인간사 역사는 지름길로 흘러 간지와 전쟁으로 해가 뜨고 해가 지는 동안,
미궁에 갇혀 지내던 육신이 햇살 밝은 밖으로 튀쳐나오기까지 바람은 살갑게 불기도 했어라.

칼과 불과 흰눈[白雪]으로 이마가 빛나는 산을 마주하며
흔들리는

고향 크레타를 부여안고 인간의 고뇌 끝자락까지 치달
려간 이야기꾼,
 이야기로 성인이란 성인은 다 넘어서 보고 인간의 심연
을 파헤쳐 내려가
 화산으로 터지지 못한 마그마 부글거리는 그 땅의 심장
에서
 터지고 부서져 산화하는 혼을 보였거니,
 아니 스스로 산화하는 활화산으로 터져갔거니.

 인간이 인간을 넘어서면 신이라고 하거니와,
 신이 신을 넘어서면 거기 비로소 열리는 장세의 푸른 하늘,
 푸른 피로 가득한 청공에 머리를 내저으며 홀로 우뚝할
수 없는 나날들,
 오욕의 강물로 흘러가는 크로노스의 잡기장 같은
 역사의 갈피, 갈피마다 새로운 피가 돌고
 핏물 끄트머리마다 풀꽃이 피는 그러한 세계가 그대 앞
에 열리거니.

 계곡 저 아래부터 바람이 불어와,
 피 섞인 바람, 초록빛 바람이 불어와 칼과 창과 방패와

갑주 저걱거리는 소리,
　군마가 불어대는 훤소 그 속에서도 아이는 태어나고
　태어난 아이는 선한 눈을 굴리며 하늘 우러러 노래하고,
　노래가 하늘에 미쳐 애비보다 에미보다 훤칠한 나무로 자라
　숲이 벌고 숲에서 새떼 가득히 날아나는 노래를 들어라.
　계곡을 지나는 세월 산정으로 치달아 올라, 백설,
　아 눈보라 아득한 눈보라, 고뇌조차 덮어버리는 눈사태,
　다시 산정으로 향하는 눈바람 태양과 마주해서 산정에 빛을 발해라.
　골짜기마다 치올라 부는 바람 눈보라를 몰아가 길
　천년 또 천년 그렇게 거듭해서,
　산정은 지혜와 용기와 관용과 온유함과 사랑으로 녹아내려,
　골짜기로 서기가 피어 녹아내려, 골짜기 가득 새로운 세계가 열리고
　서기가 아름답기조차 하여라.

　올리브가 자라 검은 열매 맺듯, 자식을 낳고 기르고 또 낳고 기르고,

그리하여 꽃은 저쪽 넘보면서 달리다 보면
 산정에 눈이 녹아 산정 또한 푸른 숲으로 덮이고,
 신의 도도한 의지는 숲에 묻히고, 숲에 묻힌 인류의 혼이사
 언어 저쪽일지도 몰라. 정녕 몰라라.

 한 바탕 바람이 지나는 사이, 올리브는 꽃이 피고 열매 여물어
 신화를 현실화한다. 현실화된 신화 가운데 한 발 담그고 되돌아보는
 바람의 장막 저쪽 산정은 눈부시고 바람은 향기조차 감돌아라.
 향그러운 바람 속에 다시 석회질 뼈마디에도 녹색 물길이 트여 흐른다.
 가슴에서 팔다리로 푸른 강물이 도도하게 흘러라.

황금빛 날개의 꿈

화산이 불을 뿜어 토해낸 돌무더기
에게해 거센 물결이 밀어올린 영봉들
산정에 서린 서기 이스탄불까지 밀고 올라와

지구의 동서를 가로지르는 황금날개 꿈을 꾸는 동안,
이카루스의 날개가 자라나
하늘로 하늘로 치솟아 올라
히말라야 장엄을 극한 영봉 위를 날아라.

꿈이야 하늘로 치솟기만 하는
황금빛 날개로 빛을 뿌리거니와
눈빛 고운 아내 만나 자식 기르려면
검은 대지를 적시며 흐르는 강기슭에 내려야 하리.

차라투스트라가 그러했던 것처럼
눈 덮인 산정에서 골짜기로 내려와
봄볕에 부드러워진 대지의 살을 헤치고
씨를 놓고 흙을 덮어야 하리.
녹음이 대지를 덮고 붉은 꽃 동산에 가득해야
반역의 의지로 이글거리는 태양의 기세를

순종으로 이끌어 단맛 짙은 복숭아, 선도仙桃를
볼이 고와 해를 닮은 사과를 가꾸어야 하리.

복숭아, 사과 따면서 또 다른 하늘
눈 덮인 산봉을 거느리고 황금빛 날개를 저으리.

이와니나 고고학 박물관

여기서는 시간이 거꾸로 흐른다.

아내가 머리를 말아 올리면
비녀도 꽂아 주고, 옷자락엔 보석도 달아 주며
돌도끼 차고 사냥을 나가다가
젖가슴 봉긋한 동네 처녀의 웃는 볼에
어쩌나, 어쩌나, 사슴 같은 눈망울.

여기서는 사물의 질서가 뒤바뀐다.

남편은 방패 들고 창을 꼬나쥐고
적을 향해 치달리고, 말을 탄 창기병
말발굽 아래 비녀가 빛나기도 하고
향수병에서 향기가 흘러나와 피가 되기도 한다.

여기서는 인간이 사자와 놀아라.

전쟁과 살림이 서로 다르지 않아
사자처럼 포효하던 장군도
아내의 품으로 걸어들어 놀아나고
졸병마저 방패에 빛을 모아 사자꿈을 꾼다.

제5부

설산과 검은 소

검은 소, 네팔 마나슬루 가는 길에서 우한용 촬영

카트만두

먼지, 매연, 소음
자기들이 만든 쓰레기더미 위에
소와 개와 원숭이와 더불어
아니 서로 외돌려 놓고

말은 보석이라고
그림은 자연의 질서라고
이렇게 망해가는 땅에서
살아날 방법이 무엇인가
몇몇 의인 같은 인간이 있어
높이 외치는 함성, 그게
미소 속에 스며들어
모를 일이다……
이 부세浮世의 먼지 털고
새 생명들 밝은 웃음 볼 날 있을지

부처님의 광배처럼
밝아오는 그런 날 있을지
정녕 몰라라.

지진으로 흔들리는 왕궁
땅바닥에 쓰러져 뒹구는 돌기둥
위에 위엄 있게 앉았던
가루다 형상 위의 임금들
시바의 파괴하는 본성 너머…….

검은 소

내, 소를 찾아
히말라야 산길로 나섰더니
검은 소가 길을 막고 새김질하느라고
아, 가야 할 앞길은 아득하이

언덕 아래 소란한 물줄기
물소리 따라 목화나무 꽃처럼
붉게 피어나는
잊혀가던 죄의 흔적

소를 찾아 나선 길
길은 소에 막혀
등 넘어 조용히 피어나는 흰 구름
저 넘어 어느 하늘 아래
소낙비로도 내리지 못할
은빛 지느러미
그 산봉우리
눈물 나게 그리워라.

별

한밤중 잠이 깨어
홀로 밖에 나서면
계곡 물소리 따라
하늘에 별이 가득하다.

자기 나이조차 잊었다는
노파의 벗은 발
그 발자국 하늘에 찍히면
노파의 눈빛 닮은
별이 되려나 몰라.

자갈 비탈 오르내리는
척박한 나귀 목에 걸린
워낭 소리 하늘에 번지면
또한 별이 되려나.

내 생애 낙타의 길
발자국 자국마다
고인 땀방울 방울지다
혹여 하늘에 오르면
그 또한 별이 될까, 몰라.

숲은

높은 산 위엄
타넘는 천리향
향기가 조용히 스며

물소리에 숲은
계속 따라
깊이 짙어가고

천고의 시간이
여기 와서
영기靈氣로 흩어진다.

짐

내 육신이, 그게 평생 벗으려도
버겁기만 한 짐이란 걸 알건만

끝내 벗지 못한 '카르마'처럼
짐 위에 다시 짐을 지고
풍경이, 수목이, 낡은 돌담이
소중한 오늘의 추억이라고
카메라 돌덩이 지고 가는 길

숲을 스치는 전리향 향기노
원시림 헤쳐가는 청정한 물소리도
산봉우리 유유히 넘어가는
흰 구름 눈물겹게 흘러들어

저승까지 가져갈 수 없는
돌덩이처럼 확실한 짐이거니
내가 오늘 적어 놓는 몇 줄
짧은 시들 또한 착실한 짐이라
가슴 억누르는 돌덩이 아닌가.

고레파니 언덕에서
−푼힐 전망대 가는 길

오늘 아침엔
내 생애가 쾌속으로 흘러간다.

별무리 강물 되어 흐르다가
조용히 멈추는 시간

어머니 처녀 적 눈썹 닮은
달이 산머리 떠오르고……

햇살 벌면서
설산 봉우리마다
인류와 우주의 지혜가 얹혀
서늘하게 반짝이며 타오르다가
숲을 굽어보고 흐르는 이 서늘한 산바람

원컨대 설산 같은 지혜와
계곡 닮은 후덕한 품성
이게 호사를 넘어서는 욕심일런가
욕심이라도 좀 우아하게
소망이라도 그저 푸근한, 그런

돌길 일흔 굽이 걸어 내려오며
무릎에 통증으로 넘치는 은혜

설산

신이 있다면
그런 모습일지 몰라

짙은 어둠 밤길에 묻혀 있거나
숲이 짙어 햇살마저 미치지 못하는
암흑의 음습한 대지
깊은 구석에 명상을 거듭하다가
어느 아침 별무리 잦아들어
동편이 번하게 번져오는
그런 짧은 순간이 있어
내 아둔한 몸에 핏줄이
한번쯤 일제히 일어서서
피가 울울울 돌아가는
그런 때가 있어, 정녕 있어

눈부신 얼굴 하늘로 치솟아
환희 더불은 신성함으로
다가오는 그런 얼굴이 있어
서늘한 지혜의 얼굴 있어

그게 내 마음의 설산이
숲에서 살아난 모습일거나

랄리 구라스

원색이, 왜 그 빨강, 파랑, 노랑
그런 색깔이, 말하자면, 좀 천박하잖아

그럼사 그렇기는 하지만서두
히말라야 설산 빙벽 마주해설랑
붉게 피어나는 랄리 구라스

이게 네팔의 나라꽃이라는데
영어로 레드 로도덴드론, 섬연히 붉은 꽃
이 꽃을 두고 누군가 입을 내어

꽃이 붉어 천하단 말을 할작시면
동백꽃 피 터지던 너의 귀때기
어이 기억할라냐고 물어야 하리

네팔 설산 앞에선 원색도 천박하기는 고사하고
성스런 불꽃을 꼭 빼닮았더라니 그랴.

화장터에서

평생 한 여남은 번 웃었으면
백날 천밤을 울어 지새워
뼈마디마다 멍이 들었다 한들
그 아니 축복이겠는가

어떤 종말이든 노을 닮은
장엄한 아우라 지니거니
굽이굽이 얽혀든 애증의 끄나풀
몇 줄기 연기로 하늘에 올라라

스승 찾아 먼 길 걸어온 젊은이
네팔 승려 의발을 간구하는 무릎에
'대우탄금對牛彈琴' 지음을 하는 듯도 하거니와
검은 소는 허구리 꺼져 되새김도 그림자일 뿐

호곡을 잊어 무표정한 피붙이들
검은 강물로 시신을 씻기며
아마, 버거운 장작값을 계산하는지
금송화만 황금빛 축가를 닮았다.

계곡 혹은 낮술

산간 마을 가난한 노인의
얼굴빛 순하고 눈빛 영롱터니
계곡을 따라 내려오면서
파초 이파리에 먼지가 얹히고
목화나무 잎을 다 떨군 채
핏빛 꽃만 달고 있어
그 아래 헐어가는 창고
시멘트 블럭 담에 걸린
망치와 낫의 붉은 깃발
먼지 속에 나부끼기 시작하더니
수도 카트만두로 들어서면서
눈앞을 가리는 먼지 털어낼
길이 없어,
역사의 종말을 짚어도 보고
희망이라는 것 그게 욕망이라
일러주던 인도 가이드의 말
문득 상기되어 이마를 치더니
완악하긴 하지만 그 희망마저
먼지 속에 묻어 버리면
낮술과 함께 흘러내리는

이 골짜기에 빈 메아리마저
날아들지 않을 것인데…….

제6부

꿈꾸는 리얼리즘의 나라

요세미티 국립공원, 출처-픽사베이

무나물을 먹으며

정이란 건
머리에서 나오는 게 아니라
손끝에서 스며나와
가슴으로 번진다.

손마디 타고 나와서
이 접시 위에 놓이고
모국어처럼 익숙한 젓가락
사이에 집히는
어머니의 솜씨
촛불 없는 제사상에 오르던
무나물

이 덤덤한 맛 가운데
핏줄이 번져
무나물 위에 시간은 머물고
때로는
소금기 밴 바람으로
불어가기도 한다.

자카란타

사랑의 꿈에 잠긴
젊은 누이의
눈썹 닮은
가지런한 잎이
물기 머금어 빗질한 듯 고와라

너의 뿌리가 깊은 줄은
보라빛 꿈으로 피어나
메마른 땅을 덮는
흐드러진 꽃누리가 말해 수거니와

너의 꽃그늘 아래 누이의 사랑 노래
푸른 하늘로 새떼처럼 날아올라
손에 마디지도록 허리 휘던
할머니들 아직도 꿈으로 살려 놓고

칠월의 태양 아래 흘러가는
노래 한 소절은 남아 있어
잔잔한 바람에 바다로 날아간다.

밀도密度

동방 박사 네 사람이
아기 예수 찾아가
경배하는 그림 앞에서
'죽은 예수'의 창백한 얼굴
먼저 떠올라
만테냐를 거장이라고 설명한다.

전쟁에서 돌아온 군신의 투구
벗기는 비너스를 보면서
전쟁을 놀이하듯 치러간 루벤스의
외교술이 책장에 펼쳐진다.

플래미시 그림들은
장사해서 번 돈으로
생활을 발견하고
자기 사는 풍경을 찾아낸
상인들의 자기 증명이라고
토도로프를 따라 해설된다.
창포 잎이 불꽃처럼 꿈틀대는 위에

푸른 정념으로 요동치는 꼴이사
정신병 짙어가는 고흐의 눈에
비친 진통의 아우성으로 해석되거니.

수천광 년 저쪽에서 날아온 운석처럼
잡석 다 걷어낸
단단함 그것만으로 화폭에 돌진하자 했는데
의문과 욕망의 먼지 가운데 빠져든
숨 가쁜 행로에서
오늘은 LA에서 가장 맛있는
스테이크를 먹는다는 설명이
시간을 잘라낸다는 메시지가 뜬다.

---

* 2015년 7월 26일. 이언호 선생과 게티 뮤지엄 그림을 보았다.

킹크랩

엘에이 어느 해변이던가, 태평양 바닷가
원시의 무기를 휘둘러
핏빛 집게 다리 깨트리다 보면
천사의 피가 튀어 나는 아귀餓鬼가 된다.

한때 너 또한
펄펄 파도를 넘기도 했잖아
좋은 세월 게 눈 감추듯 갔지

(밀려오는 태평양 파도와 더불어
장면은 전환을 거듭하고)

알래스카 심해에서 왔다는
무지막지한 전사와 맞서서
시詩를 이야기하는 동안

옆으로 기길 포기하고 마주 서서
다가오는 적의 도도한 집게발들.

벌판의 나무

지난 봄, 살구꽃 한 그루
옮겨 심으면서
사실사실 실뿌리 뻗어 나오던
흙 사이로 물방울도 고왔었지.

불볕 쏟아지는 캘리포니아 벌판
푸르디푸른 하늘 받쳐 이고
가지마다 산산이 흩어져
가볍게 가볍게 바람을 탄다.

땅속 깊이 흘러가는 물줄기 따라
실뿌리가 뻗어가
땅과 하늘 이어 기도하듯
혼을 지펴 올리고 서 있다.

누구는 나무를 하늘 향해 기도하는
성자라 했지*.
여기 와서 그 성인을 만난다.

---
* Joyce Kilmer(1886-1018)

성스러운 숲
―요세미티 숲에서

숲에 들자
하늘 아래 나무뿐이다.

숲은 언어가 깃들
빈자리 한 폭도 내주지 않는다.

숲에서는 숫자가 사라져
모든 셈은 부질없어진다.

숲에서는 시간까지
하늘로 뻗어 올라가

나는 한 마리 갑충처럼
견고한 껍질 속에 갇힌다.

요세미티에서

바위 절벽, 폭포, 거수의 숲……,
그리고
계곡은 빙하가 만들었다.

빙하는
압축된 시간을 풀지 못해
이야기는 까마득하고
절벽과 더불어 형상이 그려지지 않는다.

형상이야
자연을 인간 안으로 끌어들이는 일
이야기사 절대의 시공간에
인간의 오관을 더듬이로 뻗어
인물을 만들고 이유를 대고
말다툼 벌이는 사소한 짓일 뿐.

절벽은 압축된 시간을 풀지 않고
세포가 분열을 거듭해 거수가 된다는
상식은 형상을 얻지 못해
전나무 가지 끝 푸른 하늘에
나는 익사한다.

금문교에서

매일 하루가 지나는 일은
하루만큼의 다리를 건너는 일이건만

이 낯선(익은) 땅 샌프란시스코에 와서
'금문교' 허겁허겁 건너면서
하루가 간다는 것
그게 다리를 건너는 일임을
유독 선명하게 깨닫는 것은
일상을 벗어나는 까닭인가
평생 다시없을 유일한 사건이기 때문인가
과학과 공학과
태평양에 다리 놓을 배짱까지
생각할 여유도 없이
다리를 건너는 일은, 그저
다리를 건너는 일임을 되새기면서
금문교 교각을 다시 바라본다.

교각 꼭대기는 안개에 잠기어
태평양 불어온 해풍을 탄다.

제7부

인골 위에 세운 도시

상트 페테르부르크, 성이삭 성당, 출처-Alex Florstein Fedorov

밤 공항에서

상트페테르부르크 풀코보(Pulkovo) 공항

떠나고 돌아오는 일이
빗속에서 그저 무연히 지나가는
일상이 되어 호박빛 가로등 불빛 아래 물러서고

택시 운전사의 무표정한 침묵
아스팔트 위로 떠오르는 기억들
몇 줄의 글을 들고 여기 와서
내가 발견한 진리 한 줌이라고
너를 불러 이야기할 생각을 하매
돌아갈 길이 성큼 다가와 눈앞에 헤살짓는다.

살살 바람 일으키며 살아나는 낱말들
슬로바, 슬로바리, 글로사리, 렉시카……
그런 단어들과 함께 기억은 1930년대로 치달아
연해주에서 중앙아시아로 밀려나는 까레이스키들

아, 목숨 부지하고 산다는 것—쥐즈니(Жзнь)

돌기둥의 노래

노랠 적을 양이면
시간의 돌기둥 위에
기도처럼 새길 것이거니와

관념의 파편, 자갈돌……

비둘기 날개 닮은 소망
해가 서쪽으로 이울기 전에

강물로 잠거드는 나의 그림자
흐르는 물속에 서 있는 차디찬

언어의 돌기둥 붙들고 서서
삭을 줄 모르는 불덩이가 된다.

네가 돌아오길 기다리며
− 에르미따쉬 미술관에서 마티스 그림을 보고

그건 춤이라야 한다.
벌거벗고 풀밭에서 도약과 도약을 거듭하며
돌아가는 춤이라야 한다.

춤에 다다르기 위해서는
핏줄과 핏줄이 얽혀 들어가 불달아 얽히도록
서너 발 거리를 유지해야 한다.

너와 나 사이 골이 깊어
너와 나의 죄는 높이를 알 수 없이 그늘은 갈수록 짙어
내 품으로 끌어안지 못한다.

네가 돌아오면
네 등에 손을 얹고 용서하마 용서하마 손은 떨려
헐벗은 등을 쓰다듬을란다.
용서 받을 몸뚱이조차 없어진
너의 영혼이라는 게 뭣인지 알지 못하매 밤은 길고
아이 비릇는 성모는 어둠에 몸을 감추고 사라진다.

───────
* 일리야 레핀의 그림 〈그가 돌아오리라고는 아무도 기대하지 않았다〉를 기억하며

언젠가 한 번 걸었던 길

상트페테르부르크
표트르대제의 도시에 종일 비가 내린다.

비 내리는 고도에서
낯선 이국의 도시에서 나타샤의 고향을 찾아와서
혹은 혁명의 꿈이 무너진 흔적을 확인하기도 하면서

인간의 심연 밑바닥까지 내려갔던
도스토예프스키 그 조각상이 비에 젖어간다.
비에 젖지 않는 시간이 어디 있을까먄
기억의 돌계단에 이끼가 놀아 올라
비에 젖지 않아도 흔적을 감추는 이 길은

분명 언젠가 한 번 걸었던 길인데
 그 길이 네바강으로 빠져들어 하데스 지심으로 깊어지
는 것은
 산 위로 바위를 굴려 올리는 천형과 같은 것일지도 몰라
 저주가 영광인 듯 비가 내려
 죄와 벌이 같은 선을 긋고
 라스콜리니코프는 다시 칼을 갈 것이다.

연설하는 사람들

이런 문자로 여기 대학교가 표시된다.
Санкт—Петербургский Университет
한국어를 가르치기 시작한 지 120년
그 시간의 나이테를 기념해서 한국과 러시아에서
그리고 유럽과 다른 나라에서 각색 사람들이 몰려와서
한국과 러시아의 교류와 우호와 학문에 대해 목청을 높이고
나는 객석에 앉아 동시통역 기계를 귀에 걸고

아관파천, 황제를 선언한 고종이 아라사 공사관으로
도망쳐 숨어들던 그 난리를 생각하면서
여기서 연설하는 사람들이 러일전쟁 때 어떤 집안의 씨알로
싹트기를 기다렸을 것인가
오늘의 내가 태어나기 전, 50년 전 누가 여기 와서 조선말을
가르쳤을까를 짚어 보는 가운데

스빠씨버 하라셔!(대단히 감사합니다!)
박수가 들끓어 손을 놓고 있던 나는 놀라 일어선다.

스텐카 라진을 위하여

 넘쳐 넘쳐 흐르는/볼가강물 위에/스텐카 라진 배 위에는/노랫소리 드높다 …… 노래는 그렇게 흘러간다.

 진흙창에 떨어져 농노들의 발에 밟히는 아우성
 주린 배를 부여안고 모여든 농민군
 정부군을 향해 칼을 휘두르고 총을 쏘아가면서
 대지를 휘몰아가는 거대한 인간의 물결
 그 앞에, 스텐카 라진은 산맥처럼 우뚝한 영웅이었다.

 페르샤 아가씨와 입 맞추던 영웅 앞에 나타난
 농민군 중대장 민중스키
 칼을 빼어 들고, 여자냐 조국이냐, 외치는 소리
 여자를 강물에 던져 넣은 영웅의 씁쓸한 얼굴

 전쟁에 패한 영웅은 모스크바로 끌려가
 몸이 갈가리 찢겨 육시처참이 되어 죽었다.
 홍길동은 어떤 여자를 사랑했을까?
 성진이는 선녀 여덟을 사랑했는데
 홍길동의 애인은 누구였을까?
 이념에 희생되지 않아서, 죽지 않아서 이름이 없는가.

무엇이 역사가 되는가

토끼섬—페트로 파블로프스키 요새
이건 영 안 어울리는 구도다.
거기다가 고문도구박물관
폭력과 고문과 정치와 …… 또
거기서 문화까지는 거리가 너무 멀다.
인간의 위에 신이 너무 많다.
부자도, 관리도, 사제도, 검열관도, 회자수도, 칼과 못도
다시 보니, 기요틴의 칼날도 성당의 십자가처럼
하느님 이마쯤에 높이 달려 신이 되었다.
하느님 위에 황제가 신이 되어 제우스처럼 울부짖는다.

가난하고 못난 인간들의 이름 지우면서
삭아가는 시간이 역사가 되는 것인가

제8부

알리 파샤의 나라

알바니아 테펠레네 정교회 성당, 우한용 촬영

구름 속에 나는 혼자다

비행기는 내 몸을 싣고
이스탄불의 하늘로 날아오른다.

창밖으로 바다와 언덕과 호수
그리고, 언덕과 골짜기에 집들, 집들, 집들……

여기도 저 집 한 칸 마련하기 위해
평생을 술탄의 용병처럼 살아가는 사람들……

새로 다가오는 햇살의 살가운 기운
들판에다가 초록 바람을 몰아다 부쳤다.

그저 그런 일상인 듯 구름에 묻히는 은익의
금속성 새 한 마리 더불어 나는 혼자가 된다.

설산이라

하늘에서 내려다보는 산자락
칼날 박은 듯 삼엄할사, 눈 시린 연봉들

산이 흰 눈을 둘러쓰고 침잠하다 깨어나면
햇살 또한 은혜라서 날개를 파닥이는 것을

경험의 희귀성이 가치의 근거라면
이런 산자락 한 번 바라보는 일순의 긴장

잠시의 환희가 생애 전체를 휘갑해 마감짓는
금강 만다라 한 자락, 지심이 흔들리기도 하려니

식민지 풍경
―두러스*

칼은 부러지고 창은 꺾인 지 오래
돌담은 무너져서 역사를 증언하지 못한다.

돌을 쌓던 노예들의 핏자국도 시간에 씻겨
클로바 이파리 사이로, 아니 잎맥을 따라 흘러간다.

암피테아트르―원형극장―노예, 살육과 정치
엘라다 스리스의 연극이 끝나자
라틴족 피의 축제가 벌어지던 이 자리
죽은 노예들의 시신은 어디로 흘러갔을까

해안은 인간이 내다 버린 오물로 썩어서
파도마저 흙탕물 속에서 일었다 주저앉는다.

제우스도, 그리스도도, 알라도 외면하는 이 도시는
라틴문자의 낡은 문서 속에 삭아가고 있다.

---

* 두러스(Durrës) : 알바니아의 항구 도시

오흐리드(Ohrid) 호수

산 넘어가면 호수가 있다길래
봄비쯤이야 수선스런 속삭임이려니
우장 갖추지 않고 찾아 나선 길,
길은 언제나 멀고 험해서
봄을 기다리는 산자락 초록으로 살아나고
양들도 겨울에 낳은 새끼 거느리고 비알에 놀아
공산주의 하던 시절 공장은 유령이 되었다.

눈을 들어 바라보면 산과 산 사이, 멀리
또 산이 있어 허옇게 낡은 머리채
흔들 때마다 쏟아지는 이야기들
도무지 수습이 안 되는, 길게 타래지는 이야기들

호수는 차라리 바다라서,
눈으로 덮인 마케도니아 험산들과
눈이 녹아 폭포 지는 알바니아 설산
이 산들을 두 다리로 짚고 서서
호수에다가 머리 풀어 역사를 헹궈내고
시간의 안개가 속에다 풀어놓는 서늘한 말씀은
풀릴 듯 다시 엉기는, 엉겼다가 다시 풀리는…….

산과 강과 사람과 이야기와

알바니아 티라나에서 사란더까지
두러스 지나면서 좌로 꺾어 바다를 돌려놓고,
Rrogozhina—Lushnja—Fieri 조금 지나면
Vjosa 강을 따라 굽이돌아 돌아 내려가면서
산이란 산은 산마다 머리에서 순백의 서기를 흩어 내린
다.

테펠레너, 알리 파샤 고향 동네, 오만을 극한
이 독재자의 동상은 구릿빛 윤기가 가득하다.

지로카스트라, 돌의 도시, 엔베르 호자와
작가 이스마일 카다레와 그의 소설들……
거기서 비로소 인간들의 이야기는 비롯한다.

바다를 향해 달려 나가던 길은 오른편으로
산을 타고 허덕이며 오르다가, 오르다가
지쳐갈 즈음 다시 산자락 타고 내려 멀리

바다가 보이는 언덕의 도시 사란더
로마, 베네치아, 프랑스, 영국, 이탈리아, 독일

절벽을 능욕하던 제국들, 거기 인간의 이야기는
자식을 낳고, 새끼 치고, 또 새끼 치고를 거듭한다.

풍경과 전쟁
―사란더에서 코르푸까지

사란더 아침,
고요한 바다 위로 바람은 서늘하게 불어와
종려나무 이파리 뜻 헤아리기 어렵게 술렁대는 방파제길
늙은이 하나 검은 우산을 받쳐 들고 바다를 바라본다.
그 옆으로,
어느 시대 어떤 영웅인지 대리석 석상 하나
바닷바람 불어오는 시원을 향해 부동으로 굳어 있다.

* * *

그리스의 섬 케르키라(Kerkyra), 베네치아 공국의 식민지로 살면서
  두 음절 쉬운 말로 코르푸(Corfu)가 된 이오니아의 꽃섬
  섬들이란 때로 영웅들에게 장깃돌 같은 거라서
  자리를 옮겨놓는 대로, 그리스, 로마, 베네치아, 프랑스, 영국
  그리고 전쟁 때는 독일, 오스트리아, 다시 이탈리아, 나찌……
  섬의 머릿돌 같은 곶[串, 岬] 끄트머리 마주하게 축성한
  고성과 신성―신성도 천년을 지나 낡기는 마찬가지

시계탑과 함께 낡아가는 고성, 이오니아해 바라보는 낮은 언덕
 그 밑에 아킬레스 신전을 세워 여기가 신의 나라라
 파도가 으르렁거리고, 성 위에는 음악대학 학생들의 서툰 악기 소리, 신들의 불협화음을 불어댄다.

 바다가 고요하면, 낡은 조각상처럼 늙어가기도 하고
 병장기 불꽃 튀기는 전투가 벌어지기도 하거니와

 해신의 욕망은, 인간의 끝없는 욕망을 배워가지고
 바다 밑바닥에서부터 거센 파도를 일궈낸다.

 이오니아 바다에 진종일, 비가 비가 내린다.

폐허와 들꽃
―부트린트

역사를 이어가는 건 무너진 돌더미가 아니라
이오니아 바다 건너온 바람 타고 살랑대는 풀꽃이다.

무너진 돌기둥과 헐어 버린 석벽 사이
순색의 풀꽃이 무리지어 피어나
정벌과 폭정의 핏빛 역사를 쓸어내려
거기 살았던 인간의 냄새를 햇살 속에 풀어놓는다.

2천 년이 넘는 세월 저쪽 로마 사람들이 여기 와서
 도시 건설하고, 극장 세워 관객 모으고, 아우성 아우성……
 때로는 기독의 이름으로 세례 베풀어 은총과 영생을
우렁우렁 노래해서 바다 건너는 바람으로 일었어라.

바다 굽어든 이 땅에 새들만 무성하게 날아나서
폐허는 삭아가고 풀꽃만 눈에 어리는 향기 날려라.

블루 아이
−푸른 눈망울이라는 이름의 샘

땅속 50미터에서 용출하는 샘이 있어
계곡을 타고 흘러 바다로 드는 물길이 있어
지구가 우주의 푸른 눈동자라서
몇 걸음만 물러서서 떨어져 바라보아도
가슴 울렁거리게 하는 그런 샘이듯이
발칸반도 중간쯤 지심에서 올라오는
푸른 물은 아직 사람의 붉은 가슴팍
정념이며 물들지 아니한 그런 물이라서

시상의 모든 신들의 목을 채우고도 넘칠
그런 성수라서, 그대들 제단은 늘 넉넉하거니

돌의 도시
―Gjirocastra

속 빈 사란더에서 이오니아 바다를 낀 채
돌자갈 고개를 지나자 길은 산으로 들어
숨찬 주행 한 시간이면 거기 또 강이 있어
드리노강 따라 북으로 올라가는 길 양편으로
머리와 등마루 눈부신 눈을 둘러쓰고 있는 산들

그 왼편 산머리쯤 쌍두취雙頭鷲 깃발 펄럭이며
반쯤 무너진 게 본래 제 모습인 듯 헐어 위태로운
돌성, 시계탑과 함께 낡아가는 산머리 건너편
맑은 햇살 수멀수멀 흘러내리는 산봉우리들

세계 대전 두 차례 겪는 동안 마을은 포격에
깨어지고, 또 이지러진 산자락 돌너와 얹은
창이 좁고 높은 삶의 요새, 아낙들은 머릿수건
돌담을 쌓듯 수를 놓고, 남정네들 돌에 역사를
새기는 동안, 무너진 억장 가장자리 살구꽃도
헤성글게 피어, 돌과 쇠붙이의 세월 어느 자락에
꽃이 서럽게 피어 아직은 눈물이 덜 마른 듯…….

아폴로니아
―Fier의 로마 식민지 유적

돌 속에 굳어 붙은 역사를 불러내는 건
아무래도 노래보다는 이야기가 수월해서

돌에 새긴 얼굴과 옷자락을 보고
옛날로 흘러간 그대들의 빛나는 삶을
어설프게나마 이야기하려 애써 보지만
이야기 또한 노래와 촌수가 멀지 않아
자꾸만 현금의 음자리가 헛짚이곤 하네.

수평선 은빛으로 타오르는 나지막한 언덕,
위에 극장을 만들고 교회를 세우고
돌기둥 나란한 회랑 만들어
남정네들 불러들여 벅적이던 이 도시가

한 자락 남은 햇살 끌어안아 봄바람에
녹아나는 시간의 부스러기들, 수습이 멀다.

산적의 마을에 내리는 햇살
—테펠레너

하늘과 새와 꽃을 노래하는 것만으로도
내 언어의 소박한 영토가
맑은 바람으로 넘실댈 것이어니와

순치되지 않는 욕망과 폭정으로 들끓던
알바니아의 폭군 알리 파샤를 만나러
무슨, 오래도록 말 놓는 술친구라도 되는 듯

테펠레네, 드리노강과 비호사강이 합류하는
척박한 땅, 낡은 성채, 살구꽃 서러운 봄기운
겉늙은 사내 무화과나무 도끼질하는 마을

(겨울 우기를 만난,
강물이 불어 골짜기를 더터나가는 동안
강가의 나무란 나무는 하나같이 쓰레기 넝마)

산협을 벗어나 강나루 건너 바다를 넘보던
사나이의 가슴은 턱없이 부풀기도 하거니
그리스를 덮치고 이스탄불까지 넘보던 사내

몸은, 총탄으로 구멍 나서 피를 쏟고
목은, 이슬람의 칼에 덩겅 잘려
해풍 거센 콘스탄티노플로 날아가기까지,

술탄 앞에서도 눈만 꼿꼿했던 사나이의 꿈이라니…….

욕망의 골짜기에서
―Këlcyra

컬시라, 낯설어도
알리 파샤의 고향 동네

산과 산 사이 계곡,
그리고 굽이도는 급류,
강물이 훑어간 골짜기
수리가 맴을 도는 하늘만이
넓은 세상을 꿈꾸게 한다.

길은 세 군데로 뚫렸으나
간고艱苦한 삶의 여정이 험악해서
해볼 일이라곤 패거리 모아서
길을 막고 노략하는 산적질

산골짜기 여울과 더불어
울리는 총성…… 그 총성에
사라진 부친의 치떨리는 원한
원한은 원한으로 갚는 풍속
오랜 인고와 방황 끝에
오스만 투르크 술탄을 넘보는

영악스럽기 극한의 독재자를 길렀으니

테펠레너 길목에서 오만하게
버티고 앉은 파샤 알리의 눈에
산봉을 타고 내리는 서늘한 한기.

눈 내리는 밤 창가에서
―소피아 릴라 레스토랑

그대, 마주보고 앉아 따뜻한 빵을 떼면서
탁자 위의 촛불처럼 가슴은 일렁여오거니

땀 씻은 그대 볼이라도 더듬는 듯
포근포근 물 젖은
눈이 내려
하늘
가득
눈이 내려
나무는 나무대로
살아나서 어둠을 더하기도 하고

아하, 반세기 전 그 강파르던 눈바람
소피아에 찾아와 젖은 눈으로 내리기까지
새로 구운 빵 한 덩어리 찾아 여기까지 온 것일까

제9부

카자크의 나라, 기타

조지아, 므츠헤타에서 우한용 촬영

흘러가는 사람들

바르샤바 공항에서
수많은 사람들이 내 옆을 흘러간다.

저들이 가는 곳은 묻지 않거니와
내가 도착해야 할 목적지 또한 묻지 말아야 하리.

초조하게 떨리는 손마다
한 줌의 소망을 들고서는
고향이라든지 집이라든지
익숙하고 편한 데를 찾아가는 이들이겠지만
위도 상 아무 착지점 없는 공간을
수많은 부호들이 흘러간다.

천 년을 넘겨 헤아리는 낡은 수도원과
이콘이 엄숙한 정교회 교회와
태양에서 불을 훔쳐온 게 제우스의 노염을 사서
배가 갈린 채 바위에 묶여 지금도 단말마에 몸을 뒤튼다는
코카서스 산들을 찾아간다고 해도
내 안에 자리 잡는 옹골진

몇 마디 언어가 없는 것은

내 가는 길 또한 흘러가는 게 아니던가 몰라.

산을 마주하고
―조지아

이방인들의 언어가 어지러운
장거리를 벗어나,
이제사 가슴을 펴고
산을 마주하고 선다.

산은 내게 말을 걸지 않는다.
산은 내게 설명하려 들지 않는다.
산은 내게 가르치려 대들지 않는다.
산은 내게 정죄하러 군림하지 않는다.

산이 나의 과거와 미래를 심판할 까닭이 없다.

산 위로 흰 구름이 유유히 피어올라 흩어진다.

 산은 서늘한 냉기로 다가와 내 전신에 스며들 뿐이다.
 한갓된 언어를 몰아내면서 안으로 깊이깊이 가라앉기를 거듭한다.
 그래서 산은 언어 저쪽이고, 골짜기의 산기운 묵언으로 흰 구름 빚는다.

익어가는 돌을 위하여
— 조지아의 게르게티 수도원

원리란 원래 그렇지 않던가, 단순하지.
우리네가 '천-지-인'을 말하듯이
성부, 성자, 성령이 이들 믿음의 모든 것

교회가 이 성삼위일체란 이름을 달면
성스럽고 영광된 명성을 독차지하는 터라서
게르게티 성삼위일체 성당은
이곳의 '정신계와 물질계의 왕관'이다.

해수면에서 2,170m에 자리 잡은 교회는
덤으로 30m를 얹어서 2,200m라는데
최고면 됐지 숫자를 따지는 칙살맞음이라니

회색의 돌은 햇살과 바람과 눈비를
시간 속에 끌어안고 병아리색으로 익어가는
은혜의 돌들을 여기서 보겠네.

편지

우크라이나 열차에 앉아
밖을 바라본다.

지평선 위로 떠오르는 흰 구름
그 옆으로 돋아나는 그리운 얼굴 있어
몇 자 소식 전하는 시간
해바라기는 꽃으로 벌판을 덮었다.

흰 구름은—
형상의 욕구를 재촉한다.

금방 흩어지는 형상은
또 다른 얼굴을 봉우리 봉우리 쌓았다가
흩어지기를 거듭한다.

해바라기

해바라기는 우크라이나 벌판을
'단색'으로 맥질해 밀어간다.

이 나라의 지평선 또한
말하자면 단색이라 음험하다.

광막한 벌판 적색赤色으로 물들이던
단일 이념의 그때는
해바라기만 벌판을
황금빛로 온통 뒤덮었을 세나.

다시 돌아보면 밀밭 또한 단색
지평선 달려오는 황금빛 빛살
밀밭을 만나 곱게 가라앉는다.

드니프로강가에서

흑해로 흘러드는 이 비옥한 강가에는
숲이 무성하고 물새소리 또한 소란하다.

몸을 던져 생애를 도모하던 카자크들
그들의 젊은 날들 시치(сич) 언덕에
몸을 눕히고, 살구나무 가지 새로
살금살금 내려앉는 하늘을 보노라면
푸른 비린내 밴 강바람,
역사의 시간이니 이념의 어휘를 지우면서

바람은 살아나
내 몸을 관통하여 강안개로 내린다.

일출

우크라이나에서는
지평선으로 끝을 감춘
해바라기 들판으로 해가 뜬다.

해바라기는 해바라기라서
해를 등진 그늘을 비껴 서서

그 길의 굽이마다
돌아서서 햇살 등진 그늘을 지니고 산다.

시간의 그늘을 걷어내고
지평선을 아우성으로 밀고 일어서는 광휘를
감당할 수 없는 기운에 몸을 맡긴다.

돌과 시간

돌산 위의 나무 십자가
푸른 하늘을 배경으로 경건하게 서 있다.

돌도 돌인지라 시간을 타거니
돌로 쌓은 성전은 헐고 무너져 폐허로 간다.

시간과 싸우던 돌은 금가고 헐어라
성인은 이야기가 노래 되어 새로 젊어진다.

내 안의 성과 속을 갈라볼 길 없어
날마다 불러보는 노래 가운데 나이 먹지 않음이여!

사이

키예프에서 비행기를 탄다.

바이킹이란
빙하가 호수로 흘러드는
그 골짜기 촌놈들을 이야기한다지.

사납기로야 골짜기가 들을 당하랴
들로 달려들어 마을을 이루고
하느님 수염이라도 끄드를 기세로
땅과 싸워 숲을 밀어낸 터에
감자 옥수수 심고 자식 낳아 기르는 가운데

바람은 석류꽃 고운 남쪽으로만 불어
드디어 바이킹이 배를 띄우던 바다에 이르렀다.

오데사!
바다를 탐하는 족속들의 싸움 이어지던
그 전장에 종달새 한 쌍 높이 떠서 한국어로 노래한다.
키예프와 오데사 사이 들판에 노래가 불어간다.

마로니에 그늘 아래에서

오데사, 총성에 이어 다가오는 진압군들
바닷가로 몰리는 군중들
사이에 끼어 떠밀린 젊은 애엄마
손을 놓고 만 유모차, 아이를 실은 채
돌계단을 무방비로 덜컹거리며 쏟치던 유모차

오데사, 카자크 대장이 소피아 종탑을 마주해
치달리고 치달리는 사이
마로니에는 하늘을 덮은 잎이 무성해서 그늘이 짙어
그 아래 다리를 쉬는 동안
'전함 포템킨' 함상에서 총성이 요란해서
푸른 하늘도 깨어져내려 기절하고 말 것 같은 시간

오데사, 예카테리나 광장
여제는 머리가 비둘기 똥으로 범벅이 된 채
햇살 아래 삭아가는 그 고약한 여자
황제, 서방이라는 게 말이 좋아서 황제지
사내구실 신통찮은 허재비
까짓것, 달랑 한 손에 들어 치워 버리고서는

여제라고, 사타구니에 찬바람만 불라더냐
샛서방 앞세워서 광막한 러시아를 주무른 여자
겁나는 여자, 앞에서 혹은 옆에서
아담이라도 된 양 마로니에 잎으로 샅을 가리고
치마폭 아래 서 있는 샛서방
바다를 가로지른 적 없이 이름이 '포템킨'이란다.

마로니에 잎으로 나도 사타구니를 가려야 할까 보다.

---

* 예카테리나 여제가 남편을 제거하고, 포템킨이라는 정부情夫와 러시아를 주물렀다는 이야길 들으며 마로니에 그늘에서 잠시 쉬었다.

주의자 — 이데올로그

키예프, 그늘 짙은 식당에서
스테이크로 점심을 먹으면서
내 속의 카니발리즘, 그 육식의 욕망을 눌러 두느라고
맥주, 흑맥주 두어 잔 걸치고
체르노빌 박물관을 찾아가는 길……

일요일이라 박물관은 문을 닫았다.

나는 무슨 무슨 주의자가 아니다
아니기시무스도 주의라는 게 옳다면
미적거리기시무스, 나는 그런 존재인지도 모른다.

죽은 자들에 대한 기억을
자꾸 불러내어 괴롭히지 말라는 듯
맺힘과 풀림의 고리가 손에 만져지지 않는
체르노빌 그 아픔이 결국 도달하는 곳

어머니와 자식……
바다로 달려가다가 잘린 철길 같은 그 길 말고는
어디에도 길이 없어

나도 환경주의자나 되어 볼까 하는 사이
체르니쉐프스키, 쉬또 지엘라찌?
대머리가 나와 닮은 레닌도 쉬또 지엘라찌?

피에타! 카르페 디엠?
시카고대학 교정에 서 있는 버섯구름 동상
길은 어디에, 이념을 버리자는 이념이 있다면……

녹음 또한 불바람일지도 몰라, 한 그루 나무
이네올로그는 한 그루 버닝 파운틴……

---

* 쉬또 지엘라찌?(Что делать?) : 무엇을 할 것인가?
** 버닝 파운틴(Burning Fountain) : P. Wheelwright 상징주의시의 언어 연구

키예프를 떠나며

이건 자못 바보스런 우행이다.
떠날 때가 되어야 돌아보는 이 짓 말이다.

숲이 강물을 덮고 마침내는 하늘을 가린 늪지를
밀과 해바라기 엇바꾸어 익어가는
가멸은 땅으로 일구어낸
키예프 루스들의 억척스런 삶이 이제사 돌아보이니
어쩌자는 작정도 둘 수 없음이여.

키예프, 키 삼 형제와 리비드 공주 영토를 정하고
카자크, 흐멜리니츠키 황금의 문 요새를 지나
키예프, 거기 입성해서
500년인가 600년이 흘러
레닌이 혁명을 하기 몇 년 전

화가는 역사를 그림으로 복원해서
키예프, 광휘로 살아나기까지 400년이던가

민중의 걱실한 말을 현자의 언어로 다듬는 동안
키예프 벌판을 피로 적셔 밀을 길러낸 사내들

동상으로 서 있다고 입질할 일이 아닌 것을

　떠나면서 돌아보는 일…… 그 아둔함이사
　해바라기 빛깔로 타오르는 길 한 자락일지 몰라, 몰라라.

---

* 키예프 미술관에서 미콜라 이바쉬크(Mikola Ivasuik, 1865-1937)가 그린 대형 역사화 〈보그단 쉬멜리니치키의 키예프 입성〉이라는 그림을 보았다.

백조를 바라보면서

프라하를 질러가는 블타바강 까를 다리 위에서
늙은이 악단 젊은 구경꾼을 모아 춤추게 한다.

서울에서 출발해서 그루지야를 거쳐
자포르쟈를 지나 오데사, 키예프, 프라하에 이르도록

내 뒤꼭지를 잡아당기는 허깨비 같은 '민중의 언어'
그걸 방언이라 해야 하나 '아래것들의 말'이라 일러야 하나

내 인식의 영토는 새벽처럼 밝아올 줄을 몰라
어스름인 양, 눈물인 듯 하품인 듯 침잠을 거듭한다.

강가 돌기둥에 기대어 강바닥을 내려다보는 동안
백조가 입을 맞추기도 하고, 자맥질하며 수면을 가른다.

얀 후스, 그 떼꺼우 닮은 성미로 라틴어 성경을 읽다가
생기 잃은 창백한 문자로는 말씀도 은혜가 아니라 형벌
이다.

광장, 장작불 타오르는 연기 속에서 토해냈다는 말이 있어

"당신들 오늘 거위 한 마리 태워 죽이지만,
백년 뒤 날개 눈 시린 백조가 나타나리라."

백조가 때를 가려 눈부실 까닭이야 없겠지만
메말라가는 신심을 민중들에게 돌려주려 불더미에 던져진
얀 후스의 언어전회, 정히 백조를 부르는 번제였던 것.

바르샤바
― 이상한 계산

삭은 얼굴에 짙게 분칠한 가이드는 말씨가 까칠하다.
까칠한 말투라야 종족 말살의 역사를 차분히 이야기할 지도 몰라.

2차 대전 때 폴란드에서 죽은 사람이 8십만 명이란다.
한 사람이 70년을 산다면 800,000 x 70 = 5천 6백만 년
공룡이 늪가를 어슬렁거리던 그 시절까지 주욱 늘어선 사람들

분할통치니, 제국주의, 전쟁 그런 바리케이드 철조망……
제노사이드, 인종말살…… 그러고 보니 여기가 아우슈비츠 근처
쉰들러 리스트에 나오는 고깃국*을 입에 떠 넣다가,
잠시, 들었던 맥주잔을 놓고 떨리는 손가락 타고 떨어지는 피

왕궁 연못에 피어나던 수련 꽃잎 닮은 아이들
품에 안고 적의 저지선으로 뛰어들던 어머니들
식사완료를 재촉한다, 피니쉬트? 삶의 끝자락……?

며칠 돌아다니는 동안 익숙해진 러시아말, 스빠시버!
노, 폴란드말**로 고쳐주는 아가씨는 춤추듯 노래하듯
죽은 사람들의 검은 수의를 벗겨내면서
묘지에 꽃을 피워내는 젊은 사제가 된다. 백합 동산…….

---
* 주레크
** 고맙다는 의미의 폴란드 말은 "쩡꾸예"이다.

■우한용의 시세계

신의 산정으로 오르는 길

이숭원[1]

히말라야 마나슬루에서, 우한용 촬영

1948년 1월 충청남도 아산군 도고면의 농촌에서 태어난 우한용禹漢鎔 형은 빈한한 어린 시절을 보내고 충남지역 수재들이 모이는 천안고등학교에 입학했다. 고등학교 시절에도 가세는 빈곤하여 등록금을 제때 내지 못해 담임 선생님께 '빳다'를 맞을 때가 많았다. 우수한 성적으로 고등학교를 졸업한 그는 1968년에 서울대학교 사범대학 국어교육과에 입학했다. 졸업하면 바로 중등학교의 교사로 발령이 나던 시절이니 가난한 수재 우한용 형으로서는 최선의 선택이었다. 그러나 청소년 시절부터 간직했던 문학의 꿈을 버릴 수 없었던 그는 끊임없이 소설을 써서 문학회에 발표했고 신춘문예에도 몇 차례 응모했다. 그러나 워낙 진지하고 학구적인 소설이라 당시 평

---
[1] 이숭원李崇源(문학평론가·서울여자대학교 명예교수)

단에 부합하지 않았다. 그때 그에게 힘을 준 것은 현대소설 전공 구인환 교수님의 가르침이었다. 그분은 기회 있을 때마다, 최후에 웃는 자가 진정한 승리자라며, 자신의 체험을 곁들여 조용하면서도 힘 있게 인생론을 펼쳤다. 그 말에 고무된 그는 실패를 스승 삼아 끊임없이 노력하여 국립 전북대학교 교수가 된 이후인 1987년에 정식으로 소설가로 등단했다. 창작과 더불어 줄기차게 연구에도 전념한 결과 1995년에 서울대학교 교수로 부임하여 많은 업적을 내고 2013년 2월에 정년 퇴임하였다.

서울대학교 교수로 재직하던 2008년 회갑을 맞으며 그는 시집 《청명시집》을 출간하여 스스로 시인이 되었다. '청명聽鳴'이란 평범한 말이 아름다운 울림을 일으키는 것을 듣는다는 뜻이다. 그는 시의 본질이 무엇인가를 생각하여 그것을 제목으로 삼은 것이다. 시란 말을 사용하여 뜻을 표현하되 그 말이 평범함에 머물러서는 안 되고 희로애락이 반영된 내면의 울림을 드러내야 한다고 생각한 것이다. 그로부터 4년이 지난 2012년 8월 그는 두 번째 시집 《낙타의 길》을 출간했고 2013년 2월 퇴임할 때 주위의 벗들에게 이 시집을 선사했다. 이 시집은 기행 시집으로 세상 곳곳을 돌아다니며 느낀 것을 표현한 것이다. 나는 그 시집을 받고 낙타가 아닌 소를 떠올렸다. 그는 단양丹陽 우禹 씨인데 앞에서 언급한 것처럼 소처럼 우직하게 창작과 학문을 병행했다. 그래서 우리들은 그를 소처럼 끈기 있는 사람이라고 우공牛公이라고 칭했는데 그는 이 별명을 받아들여 호를 우공于空으로 정했다. 참으로 아름답고 뜻깊은 호다.

그와 처음 만난 것은 대학 1학년 교양과정부를 마치고 1974년 2학년으로 진학하여 용두동 사범대학 캠퍼스에 다닐 때이다. 그는 군대를 다녀온 복학생 4학년으로 구인환 선생님 연구실을 지키고 있었다. 눈이 소처럼 선하고 체격이 건장했으며 음성은 약하게 떨렸으나 신중하고 위엄이 있었다. 문학회 말석에 참석하여 그가 소설 발표하는 것을 들었고 다른 학우들의 공격에 땀을 뻘뻘 흘리며 답변하는 것을 보았다. 나는 거기서 그가 무척 겸손하고 뚝심이 있는 선배임을 확인했다.

그는 1975년에 대학을 졸업하고 1976년 10월 9일 한글날 기념을 겸하여 원유은元裕恩과 결혼했다. 신부는 은사의 따님으로 가난하지만 정직하고 성실했던 제자를 믿은 은사의 배려로 소싯적부터 사귀어 온 규수였다. 해마다 설 때 구인환 선생님 댁에 세배를 가면 우공 부부를 볼 수 있었다. 우공이 절대 화를 내지 않는 사람임을 아는 나는 아리따운 형수의 손을 잡고 애모의 마음을 표현했다. 순진한 총각의 꾸밈없는 희작戲作에 부부는 그저 순한 웃음만을 보여줄 뿐이었다. 나는 그때 벌써 우공이 소설만이 아니라 시를 쓰리라는 것을 예감했다. 부인에게 장난을 거는 후배에게 웃음으로 화답하는 사람은 시인이 될 수밖에 없는 것이다. 그때가 대체로 1977년 아니면 78년이니 30년 후에 일어날 일을 나는 그때 벌써 알아차린 것이다.

이번에 발표한 여섯 편의 시는 우공于空의 인생관과 세계관을 잘 드러내고 있고 소설로는 서술할 수 없는 내면의 흐름을 응축하여 표현하고 있다. 단순한 말의 차원에서 벗어나 내면의 울림을 드러낸다는 점에서 '청명聽鳴'의 성향도 그대로 유지하고 있다. 고희의 연치에 이른 관조의 자리에서 침강沈降과 무의미까지 삶의 일부로 받아들이려는 광폭의 사유가 유연하게 펼쳐진다.

그게 꽃이라도 이젠 던져두고
얼굴 달아오르는 기억은 눈 속에 묻은 다음
양지바른 길을 골라
단장 없는 마른신
자분자분 내딛는 이 길을

어쩌면 당신은 알지도 몰라
먼지도 앉지 않는 일상의 의자
목적 없는 여행을 인생인 양 도모하고
쾨헬번호 잃은 몇 마디 발랄한 교향악
그게 의식을 지우며 양털 같은 시간을
낡은 물통에서 물방울 떨어지듯 빚어낸다는 것을

대장간에서 매일 진행되는 일과 그대로
풀무질, 망치질, 등골 훑어 내리는 땀
창, 칼, 낫 쇠스랑 같은 쇠붙이
달구어내던 그 담금질의 열기를
이제는 추억으로 갈무리하는
이 위험危險한 침강沈降이 왜 위안慰安인지 뉘 알리

꽃이사 고운 결별 끝에 다시 피거니
때로는 일과 인연과 애증마저 던져두고
벗들을 불러 홀연히 길을 나서서
그윽한 숲의 노래
눈물겨운 저녁노을
깃을 향해 돌아가는 저녁 새

그렇게 회귀하는 그림자 더불어

굽은 길목의 끝자락에 마련된
무의미가 오히려 은혜로운
길에 서서 길을 더듬으며
길에 얹힌 그림자도 밟아 보며

조용히 가라앉아 볼 일 아니던가.

—시 〈길〉 전문

　'길'이라는 소박한 제목을 가진 이 시는 자신이 걸어오고 걸어갈 삶의 길을 명상한 것이다. 꽃의 화려함을 멀리 하고 얼굴 달아오르는 젊음의 열기도 멀리 둘 때 그것에 어울리는 차림은 "단장 없는 마른신"이다. '마른신'이란 가죽에 기름을 입히지 않는 소박한 신을 말한다. 조선 시대 선비들이 평복이나 예복에 신었던 신이다. 그러니까 시인은 젊음의 열기나 화려함에서 벗어나 소박한 마음으로 자신의 길을 조신하게 걷겠다는 뜻이다. 그가 도모하는 삶은 낡은 물통에서 물방울 떨어지듯 그렇게 감지하지 못하는 가운데 조금씩 빚어지는 담백한 무채색의 형상이다. 이것은 그의 가훈인 "물의 흐름을 본받아 행하자"와 상통하는 내용이다.

　풀무질과 망치질을 하여 날카로운 쇠붙이를 달구어 내던 대장간의 역사役事에서 그는 이제 벗어나고 싶은 것이다. 모든 것을 부드럽게 갈무리하려는 이 안온한 의식을 그는 "위험한 침강"이라고 했다. 치열한 생산의 현장에서 벗어나 텅 빈 무욕의 상태를 추구하니 현실의 맥락에서는 위험한 일이 될 수 있다. 그러나 그에게는 낮게 가라앉는 침강의 사유가 위안이 된다. 애증의 소용돌이에서 벗어나 그윽한 숲의 보금자리로 회귀하는 안도의 안온함을 선사하기 때문이다. 무의미를 오히려 은혜롭게 받아들이며 길에 펼쳐진 모든 것을 순리로 수용하면서 조용히 걷고 조용히 바라보는 관조와 침잠의 자세를 추구한다. 근육과 골격의 마디를 심하게 혹사시키지 않고 그저 양털이 바람에 흔들리듯 그렇게 유순하고 유연하게 삶을 살아가고 싶은 것이다. 이것이 비록 턱에 수염을 길렀지만 20대의 그 모습 그대로 변함없이 유지되는 암소 같은 순한 눈을 가진 우공의 본심이다. 이러한 유순한 마음으로 아무 것도 하지 않으려는 것이 아니라 그는 구도의 길을 걸으려 한다.

    내, 소를 찾아
    히말라야 산길로 나섰더니
    검은 소가 길을 막고 새김질히느리고
    아, 가야 할 앞길은 아득하이

    언덕 아래 소란한 물줄기
    물소리 따라 목화나무 꽃처럼
    붉게 피어나는
    잊혀가던 죄의 흔적

    소를 찾아 나선 길
    길은 소에 막혀
    등 넘어 조용히 피어나는 흰 구름
    저 넘어 어느 하늘 아래

소낙비로도 내리지 못할
은빛 지느러미
그 산봉우리
눈물 나게 그리워라

-시 〈검은 소〉 전문

이 시는 심우도尋牛圖의 이미지를 빌려 구도의 자세를 표현한 것이다. 불교에서 자신의 마음을 찾는 과정을 목우자가 소를 찾는 과정에 비유하여 설명한다. 사찰의 법당 외벽에 이 그림이 그려져 있는 것을 흔히 볼 수 있다. 그것은 소를 찾으려고 길을 나서서 소를 발견하고 길들여서 소를 타고 집에 돌아와서는 다시 소와 자기 자신을 모두 잊고 본래의 마음자리를 깨달은 다음에 중생 제도를 위해 거리로 들어가는 것으로 마무리된다.

우공도 소를 찾아 히말라야 산길로 나섰더니 검은 소가 길을 막고 새김질하고 있어 더 이상 전진하지 못했다고 한탄하고 있다. 그 검은 소는 무엇인가? 언덕 아래 소란한 물줄기가 흘러 거기 무엇이 있나 하고 보았더니 거기 물소리 따라 꽃처럼 피어나는 "죄의 흔적"이 있다. 자신의 길을 가로막은 검은 소의 형상은 완전히 지워지지 않는 자신의 죄의식임을 짐작할 수 있다. 어떻게 하면 이 죄의식의 그림자에서 벗어날 수 있을까? 그래서 마음의 소를 찾을 수 있을까? 그 방법을 알았다면 우공은 산길을 넘어 소를 찾아 무엇인가를 이룰 수 있었을 것이다. 그렇지 못하니 계속 시를 쓰고 소설을 쓰며 소를 찾으려 애쓰는 것이 아닌가?

산등성이 너머 저쪽으로는 흰 구름이 피어나고 그 너머 어느 하늘 아래에는 소낙비로도 내리지 않을 신비로운 은빛 지느러미 떠

있는 것이 상상의 시야에 떠오른다. 그곳으로 간다면 찾으려던 소를 만날 수 있으리라. 그 은빛 지느러미 형상이 눈물 나게 그립지만 검은 소가 가로막아 앞으로 갈 수 없으니 산을 넘을 수가 없다. 끝내 사라지지 않는 죄의식의 그림자를 걷어낼 길은 무엇인가? 그는 죄의식에서 벗어나 소를 찾으려는 모색과 탐구의 한 방편으로 여행을 선택한다. 중세의 편력 기사처럼 순례의 길을 떠나 검은 죄의식을 달래고 순수의 은빛 지느러미에 닿으려는 시도다.

한 생애 육십을 살았으면
아직 아스라한 그리움으로 남은
먼 들 건너 산정에 빛나는 눈빛을 찾아
길을 떠나봄 직도 하지 않은가.

이슬람 모스크 미네라트 기둥돌이
비둘기 날아가는 하늘을 찌르고 서서
해풍에 삭아가는 신의 음성
아득한 울림도 들어봄 직하지 않겠나.

삶이 아래로 아래로 내려와
대지의 자궁에 핏줄을 대는 것이라면
이야기의 끝자락 처음 비롯하는
신들의 산에 올라봄 직하지 않은가.

에게해 물결에 밀리어 흘러가서
크레타 그 먼 섬에서 주워 드는
문명의 사금파리며 아스라한 이야기

산정을 내려오는 시간의 눈사태에 묻혀봄 직하지 않은가.
—시 〈산정山頂의 노래〉 전문

육십이 넘건 칠십이 넘건 사람이 검은 소의 죄의식을 지우지 못하면 소낙비의 물줄기에 휩쓸려 아득한 낭패감에서 벗어나지 못한다. 우한용은 길 떠남을 모색의 방책으로 선택했다. 그는 이슬람 모스크 미나레트 기둥 돌을 바라본다. 거기 가면 신의 음성이 검은 소를 몰아내는 아득한 울림으로 전해지지 않을까. 모스크 미나레트 기둥 돌은 어디 있고 또 무엇인가? 모스크는 이슬람교의 예배당을 뜻하고 미나레트는 모스크 한 쪽에 높이 세운 첨탑을 말한다. '빛의 탑'이라는 뜻을 지닌 말이다. 지역에 따라 모양과 크기가 각기 다른데 기도의 간절함을 하늘에 전하려는 뜻으로 건설된 것이겠지만 건축학적으로는 모스크의 예술성을 높이는 역할을 한다.

인간의 간절한 염원이 스며든 예배당에 하늘 높이 솟은 미나레트를 보자면 아득한 곳에서 내려오는 신의 음성이 들리는 것도 같다. 인간의 삶은 땅에서 벗어날 수 없는 것이기에, 오를 수 없는 하늘을 향해, 아득한 저 산정을 향해 초월적 기원의 높은 뜻을 조형물로 형상화했으리라. 신의 음성, 아득한 울림을 조금이라도 듣기 위해. 신과의 진정한 만남을 가로막는 검은 소의 몸체를 넘어서기 위해. 이제 우한용은 신의 음성을 듣기 위해 높은 산정에 오르는 순례자처럼 여행을 시작한다. 에게 해 물결을 넘어 크레타 섬을 넘어.

그는 터키 이즈마르 남서쪽에 있는 에페수스에 도착했다. 성서에 에베소라는 이름으로 적혀 있는 곳이다. 여기에는 초기 기독교의 역사가 남아 있다. 예수의 죽음 이후 제자 요한이 예수의 어머니 마리아를 모시고 살았다는 유적이 있다. 에페수스 북쪽 셀추크에 사도 요한의 무덤 터가 있고 거기서 다시 상당한 거리를 들어가면 산속 깊은 곳에 성모 마리아의 집터가 있다.

우한용은 그곳의 돌무덤과 풀과 나무와 흰 구름을 보았다. 침묵의 유적 앞에서 "피투성이가 되어 죽어간 아들"을 떠올리고 "무덤에서 부활했다는 구세주"도 생각하고 "세상을 심판하겠다는 야훼"도 명상했다. 그러나 시간이 지나면 그 모든 것이 침묵의 유적으로 남는 것. 시인에게 귀중히 떠오른 것은 마리아의 모성적 연민과 사랑이다. "글썽이듯 미소하는 얼굴"로 낮은 음성으로 건넨 두어 마디 말씀. "나귀 물은 주었느냐?", "사도는 배가 불편치 않으냐?" 이 음성으로 우한용은 검은 소를 조금 밀쳐냈으리라. 진정한 소를 찾는 길로 걸음을 옮길 수 있었으리라. 모성적 사랑이라는 가장 인간적인 은혜에 기대어 신의 산정으로 가는 길에 조금은 들어섰으리라.

그의 시 〈밀노(密度)〉는 로스 엔셀레스 세티 미술관에서 본 그림에 대한 시다.(pp.102-103) 여행 중에 박물관에 들러 미술품을 감상하고 해설도 접하는 것은 그의 일상적 과정이다. 여행은 풍경만이 아니라 문화도 탐방하고 예술도 접견하는 일이기 때문이다. 첫 번째 그림은 안드레아 만테냐의 〈동방박사의 경배〉다. 만테냐는 15세기 이탈리아 화가로 예수의 탄생으로부터 수난에 이르는 전 과정을 그림으로 그렸다. 동방박사 세 사람이 아기 예수의 탄생을 경배하는 그림이 있는데 거기 묘사된 마리아와 예수의 표정에 슬픔과 근심이 서려 있어 앞으로 받게 될 예수의 수난과 죽음을 암시했다는 해설을 한다. 그 양면을 표현한 만테냐의 탁월성을 거론했다.

두 번째 그림은 17세기 화가 루벤스의 〈전쟁에서 돌아와 비너스에게 무장해제 되는 마르스〉이다. 외교관이었던 루벤스의 평화에 대한 메시지를 담은 그림이다. 세 번째 소재는 벨기에 지역 플레미쉬 작가에 대한 토도로프의 해설을 소개한 것이다. 이러한 문화와 예술품 탐방은 결국 LA 레스토랑의 최상급 스테이크 요리를 맛보는 장면으로 종결된다. 예술 탐방이 미식 섭취로 끝나는 인간 세상의 욕망의 허망함에 대한 풍자다. 그런데 이러한 예술 탐방은 지식의 나열로 되어 있기에 진정한 나를 찾는 순례에 그리 도움을 주지 못한다. 지식은 또 하나의 검은 소 역할을 하기 때문이다. 세상의 굴레에서 벗어나 신의 산정으로 올라가 진정한 소를 찾으려면 이 모든 것을 떨쳐 버려야 한다. 이러한 사정을 잘 아는 우한용은 여행시의 마지막에 익사의 이미지를 배치했다.

바위 절벽, 폭포, 거수의 숲……,
그리고
계곡은 빙하가 만들었다.

빙하는
압축된 시간을 풀지 못해
이야기는 까마득하고
절벽과 더불어 형상이 그려지지 않는다.

형상이야
자연을 인간 안으로 끌어들이는 일
이야기사 절대의 시공간에
인간의 오관을 더듬이로 뻗어

인물을 만들고 이유를 대고
말다툼 벌이는 사소한 짓일 뿐.

절벽은 압축된 시간을 풀지 않고
세포가 분열을 거듭해 거수가 된다는
상식은 형상을 얻지 못해
전나무 가지 끝 푸른 하늘에
나는 익사한다.

　　　　　　　　　－시〈요세미티에서〉전문

　요세미티는 미국 캘리포니아 주에 있는 유명한 국립공원이다. 화강암 직립 암벽이 즐비하고 암벽 여기저기에 우람한 폭포가 비류직하하고 거대한 수림이 계곡을 장악하고 있는 원시적 자연 공간이다. 죽기 전에 꼭 보아야 할 자연 절경의 하나로 많은 사람들이 꼽은 장소다. 시인이 이곳에 갔으니 느낌이 없을 수가 없다. 이런 곳에서 서사는 힘을 쓰지 못한다. "이야기는 까마득하고"는 그런 심정을 표현한 것이다. 이런 절대의 공간에서는 서정이 가능할 뿐이다. 그러나 사실 서정도 어렵다. 입이 딱 벌어져 맥이 풀리는데 무슨 정서를 표현한단 말인가. 형상을 표현하는 서정도 이야기로 사건을 풀어내는 서사도 여기서는 불가능하다. 침묵만이 인간이 보일 수 있는 차선의 방책이다.
　이 침묵을 오래 유지하고 간직하는 것도 검은 소를 몰아낼 수 있는 동력이 될 수 있다. 지식을 떨쳐내고 형상과 이야기에서 벗어나면 검은 소는 스스로 일어나 길을 비켜줄지 모른다. 가장 중요한 것은 자신을 버리는 일이다. 절벽, 폭포, 거대한 수림에 자기를 묻어 버리고 벌레나 박테리아로 분해되어 사라져야 한다. 시인이 무슨 말을 할 것이며 소설가가 무슨 이야기를 꾸밀 것인가. 침묵 속에 스스로 아메바가 되고 바이러스가 되는 것. 요세미티의 먼지로 분해되는 것. 그것이 숨 막히는 자연 절경 앞에 인간 실존이 버티는 길이다. 그렇게 먼지로 분해되기에 인간인 것이다. 스스로 무無로 분해될 수 있다고 생각하기에 인간인 것이다. 인간이 아니라면 어떤 존재가 그런 생각을 할 것인가?

시인이 "전나무 가지 끝 푸른 하늘에/나는 익사한다."고 말한 것은 참으로 탁월한 인식이요 선택이다. 그는 이제 지식인의 자리에서 시인의 자리로 돌아온 것이다. 스스로 익사했기에 그는 다시 시를 쓸 수 있을 것이다. 진정한 시를 쓸 수 있을 것이다. 미나레트 첨탑 너머 아득히 뻗쳐 있는 천공으로 오르는 시를, 신의 산정을 향해 영원히 오를 수 있는 시를, 히말라야 산길 자신의 소를 진정으로 찾을 수 있는 시를. 성배를 찾아 천하를 편력하는 기사처럼, 천국의 문을 찾는 순례자처럼, 그의 시와 문학의 길은 끝이 없으리라. 그 끝없는 걸음마다 뮤즈의 축복이 깃들 것이다. *

■시인의 에스프리

목우기 牧牛記

우한용

'검은 소', 네팔 마나슬루 가는 길에서 우한용 촬영

그것은 분명 환청이었다. 그러나 목소리가 너무 선명했다. 안돼! 하고 부르짖는 소리를 귀로 똑똑히 들었나. 비언의 목소리 같기도 했다. 아내 베로니카의 목소리처럼 들리기도 했다.

미연과는 친구 언각의 소개로 만날 기회가 있었다. 한중원대학교 총장으로 있는 문유식에게 소개해 달라는 부탁이 있었다. 아내 베로니카가 우크라이나 선교를 떠난 지가 반년이 되어가는 시점이었다. 아내가 집을 비우는 동안, 나무한은 몸이 많이 허해졌다. 잘 먹어야 합니다, 몸이 허해져서는 시 못 쓴다던 건 진도인이었다.

나무한은 현관문을 열고 밖으로 나갔다. 새벽이라지만 아직 미명이었다. 하현달이 별들을 거느리고 서쪽으로 기울고 있었다. 기울어가는 달을 좀 더 바라보려고 나무 계단을 밟아 뜰로 내서서는데, 인동꽃 향기가 물큰 앞자락으로 다가들었다. 아내의 몸에서는 인동꽃 향이 풍겼다. 미연에게서 어떤 향기를 맡아 본 기억은 없었다.

인동꽃 향기가 잔잔한 파문을 일으키며 달무리까지 번지는 소리가 들리는 듯했다. 향기는 달을 지나 별무리 사이로 흩어져갔다. 시라는 게 이런 감각을 언어로 포착하는 게 아닌가 하는 생각을 했다. 미명에 향기로 내는 길……. 달을 지나 별에 이르는 그런 길을 내는 일이 시일지도 모른다. 그 길을 찾아, 그 길 위에다가 자기 언어의 징검돌을 놓고 싶다는 생각을 했다.

아내가 선교를 내세워 집을 비운 동안 나무한은 거의 집에 처박혀 죽기 살기로 글을 썼다. 아내는 우크라이나 선교를 떠나기 전, 남편 나무한과 레스토랑 크리스티나 식탁에 마주앉았다.

"시가 당신 운명이라면 선교는 나의 사명이지 않아요?" 허니, 자기가 돌아올 때까지 제대로 된 시집 하나 내놓지 못하면, 더 이상, 침대에서 품으로 파고들 생각 말라고 선언했다. 아내 베로니카는 나이프를 들어 자기 목을 겨누고 긋는 시늉을 했다. 나무한은 몸을 덜덜 떨었다.

시에 몰두하던 나무한이 만나는 사람은 두엇이었다. 원종사에서 빠알리어로 된 불경을 우리말로 번역하고 있는 친구 언각을 이따금 만났다. 미연을 알게 된 것도 언각이 취직자리를 알아봐 달라면서 소개를 해서였다.

동네 친구 가운데, 혼자 틀어박혀 공부를 한다고 해서 도인이라 불리는 진도인이 있었다. 진도인은 나무한과는 어쩌다가 술잔이나 나누는 사이였다. 언제던가 《프랑스와 라블레의 전복적 상상력》이란 책을 받은 적이 있었다. 그러나 서문만 훑어보고 덮어 두었다. 서문 제목이 '먹고 마시기의 철학'이었다. 지난 복날 만나서 수육을

안주해서 소주를 마시면서 진도인이 나무한에게 물었다.

"거시기 뭐냐, 나선생은 직업이 시인이요?"

구태여 아니라 하기도 그렇고 해서, 그렇다고 심드렁하니 대답했다. 그런데 한다는 소리가 꽤 외돌아간 말투였다. 직업이라면, 하는 일 상관없이, 한 사람을 먹고살게 해 주는 그런 일인데, 시를 써서 먹고살겠느냐고 진지하게 물었다. 하기는 그랬다. 시는 장사가 안 되는 게 틀림없었다. 시를 써서 원고료 받는 잡지에 정기적으로 게재해서 생계를 유지하자면 하루 한 편을 꼬박 써야 살 수 있다는 계산이었다. 하루 시 한 편, 사나이가 할 짓이 아니었다. 아내가 보험 세일즈를 하지 않았더라면, 시인 명함 달고 다닐 도리가 없었다. 그나마 숲해설사라는 자격을 얻어 이따금 일당을 받는 기회가 생기기는 했다. 그러나 나무한이 숲에 대해 아무리 떠들어도, 숲은 침묵이 본연이었다.

그렇다고 문단에서 내로라하는 시인으로 자리를 굳힌 것도 아니었다. 시인들 모이는 무슨 시인협회니 그런데 장짜리 하나 꿰차 본 적도 없었다. 타고난 시인이거니 하고 지내온 생애였다. 아내는 자기가 번 돈이니 하느님한테 헌금한다면서 전도 사업에 열성이었다. 아내를 모델로 소설을 써 볼까 하면서 소설가로 등단도 했다. 그러나 아내는 아내지 소설 소재가 되기는 여러 가지로 불편했다. 도무지 객관화가 되질 않는 존재였다.

진도인을 만나 당신 직업이 시인이냐는 이야기를 들은 후, 나무한은 주눅이 단단히 들어 사개가 물러나고 온몸의 기운이 빠졌다. 시로 얻은 병은 시로 치료해야 한다는 식으로 자신의 시집을 모두 꺼내 놓고, 시들을 웅얼웅얼 소리 내어 읽어 보았다. 첫 시집 가운데는 몇 작품이 그런대로 맘에 들었다. 치열하게 쓸 무렵의 작품들이었다. 시집 이름이 '수화집'이었다. 나무와 이야기를 나눈다는 뜻으로 수화樹話라는 말을 만들고, 평범하게, 시집이니까 집集자를 붙여 그런 이름이 되었다. 산림청에서 그 시집을 챙겨 보고 '수목원문학상樹木園文學賞'이라는 걸 주어, 상금도 오백인가를 받았다. 그것 말고는 이렇다고 내놓을 만한 이력이 별로 없었다. 부지런히 쓴다고 쓰기는 했다. 그러나 치열한 사유가 동반되지 않은 작품들이라 긴장미가 없었다. 나무한에게 시詩는 시시詩詩했다. 그것은 세상과 타협한 보험 세일즈 언어의 파편들이었다.

언각이 나무한의 집에 들렀다. 굶어 죽지 않았나 궁금해서 들렀다고 했다. 나무한은 다짜고짜 심정고백을 털어놓았다.

"시가 시시해서 나 시인 폐업해야 할 모양이요." 폐업을 하자면 개업을 했어야 하고, 장사를 죽 해 왔어야 할 일이었다. 개업의 기억도 선명하지 않고 장사를 부지런히 한 것도 아니었다.

"하마, 시가 시시할까, 시인이 시시하겠지." 언각은 나무한을 측은하다는 얼굴로 바라보았다.

"시는 언어의 가람이라서 시시할 수 없다오." 그렇게 한 마디 던져 놓고는 설명을 달았다. 시라는 글자가 그렇게 생겨 먹었다. 시詩라는 글자를 갈라 보면 말[言]과 절[寺]이 맞붙어 있다. 말씀의 사원 혹은 언어의 가람이 시라는 것이었다. 그럴 듯한 설명이었다. 그러나 나무한 자신의 시를 두고는 그런 설명이 버성그러지기만 했다.

"곡차 한잔 할 생각 있소?" 언각은 대답은 않고 혼자 컬컬컬 웃었다.

"곡차라니, 그런 허접한 언사를 뱉어 내니까 시가 시시해지지 않소." 진실을 담은 언어는 수사가 필요치 않다는 것이었다. 소주면 소주, 막걸리면 막걸리, 와인이면 와인 이름을 댈 것이지 '곡차'라는 식으로 말하는 것은 허위라는 핀잔이었다. 나무한은 손사래를 쳐서 알았다 하고는 와인 저장고에서 슈발 블랑 82년 빈티지를 내놓았다. 치즈며 크래커, 햄, 푸아그라 등 안주를 준비하는 나무한의 뒷모습을 쳐다보고 있던 언각이 갑자기 측은지심이 돋아났는지 웃어 댔다.

"홀애비 신세 간데없네. 그러다 굶어 죽소. 당분간 우리 절에 와 지내소."

"그 절에 가면 뭐가 있는데?"

"실은, 사람 하나 소개하라고 왔소만······." 하고는 화제를 돌려 찾아온 용건을 말했다. 자기 제자 가운데 기미연이라는 아이가 있다고 했다. 아이라니, 나이가 몇인데? 그건 뒤에 얘기하기로 하고, 당신 한중원대학교 문유식 총장 알지? 잘 일지, 그이는 최소한 시 읽는 형안을 가진 비평가지. 그래서 얘긴데, 프랑스 몽펠리에 대학에서 랭보 시를 연구해서 박사 학위를 받은 기미연이라는 재원이 있는데, 한중원대학에 불문과가 새로 생긴다더라, 거기 자리를 알아봐 달라는 부탁이 있어서. 와인 잔을 들어 향기를 맡고 있던 언각은 더는 다른 이야기를 하지 않았다.

나무한은 시시한 시를 계속 쓸 것인가, 말 것인가 망설이기를 거듭했다. 자기 시가 시시하다는 생각으로 시인 폐업 선언에 대해 마음을 도사리고 있느라고 전화기를 꺼놓고 지냈다. 진도인이 젊은이 하나를 데리고 집으로 찾아왔다.

"시인을 찾는 젊은 양반이 있어서 모시고 왔다오." 진도인은 우리

동네에 시인이 살고 있다는 게 자랑스럽다는 너스레를 늘어놓기도 하면서, 공연히 혼자 즐거워했다.

"아, 그렇습니까? 고맙습니다." 뭐가 고마운지는 스스로 생각해도 아리송했다. 버릇대로 튀어나온 말이었다.

차를 끓일까 했는데 청년이 사가지고 온 커피 백을 탁자에 올려놓았다. 청년은 시인공화국이라는 시 전문 출판사에 근무하는 직원이었다. 한국 현대시대계를 기획하고 있는데, 나무한에게 시집 한 권을 배정하기로 하고 그 원고를 청탁하러 왔다는 것이었다.

"글쎄요, 내 시라는 게 시시하고 워낙 독자도 없고 해서, 팔릴 가망이 있을까요?" 말은 그렇게 하면서도 목에다가 나이프를 들이대던 아내 베로니카의 얼굴이 스쳤다.

"시인은 시만 쓰시면 됩니다. 책 만들고 파는 건 출판사가 알아서 합니다." 청년은 자신만만했다.

"하면, 그대는 내 시를 읽어 본 적이 있소?" 청년은 고개를 떨구었다. 이어서 출판 조건을 이야기했다. 초판은 인세를 지불하지 않고, 시집 소정의 권수를 저자에게 증정한다는 조건이었다. 재판을 찍게 되면 그때, 정가의 10% 인세를 준다는 것이었다.

남들 다 그렇게 한다는데 중뿔나게 조건을 달리하자 하기는 낯이 간지러웠다. 신작을 포함해서 시인 자신이 대표작이라 할 만한 것 70편을 골라 달라고 했다. 옆에서 이야기를 듣고 있던 진도인은 고개를 젓다가 혀를 차기도 했다. 시인이라는 존재가 딱하다는 표정이었다.

"표절 의혹 일어날 작품은 절대 사절입니다." 시인도 망신당하고 회사도 망친다는 으름장에 가까운 주의를 주었다. 나무한은 그만두

겠다 하려다가 그대로 물러섰다.

나무한은 그동안 발간한 시집 10권을 보따리에 싸 놓았다. 언각이 있는 원종사로 가서 한 일주일 원고를 추스를 작정이었다. 시의 영양가를 따질 일은 아니었지만, 언각의 청도 들어주어야 했다. 한중원대학 총장실로 전화를 넣었다. 총장은 우크라이나 키예프에서 열리는 세계비교문학대회에 참여하느라고 외유 중이었다. 잘 됐다 싶었다. 소개를 미루어 놓으면 일이 단촐해질 수 있을 듯했다.

"자기 시가 시시하다고 자학하는 투로 말하는 건 독시행위라오."
언각은 시를 옹호하면서 시인을 까내리는 투로 말했다. 독시라는 단어가 낯설었다. 신을 모독하는 게 독신이라면 시를 모독하는 것을 일컬어 독시瀆詩라 할 만했다. 그런데 시 자체가 그런 게 아니라 시를 쓴다는 시인이 시시하면 시가 시시해진다던 이야기가 머릿속에서 까칠거렸다.

원송사에서 며칠 지내는 동안 마음이 좀 가리앉았다. 그리고 그동안 발간한 시집에서 작품을 고르다 보니 그런대로 괜찮은 작품들이 집히기도 했다.

나무한은 새벽 예불에 참예해서 향이 추녀 끝 풍경 소리를 만나 하늘로 흩어지는 기운을 음미하곤 했다. 존재의 향기 그런 생각을 하기도 했다. 어쩌면 그것은 나무한이 생각하는 시의 최대치인지도 몰랐다.

그날은 예불이 끝나고 나서도 풍경이 찰강거리는 소리에 몸을 맡기고 무연히 앉아 있었다. 젊은 아낙이 법당에서 몸도 가볍게 납삭납삭 절을 이어갔다. 아마 백팔 배쯤은 하는 모양이었다. 그런데 절을 하다가는 소매에서 손수건을 꺼내 얼굴을 훔치곤 했다. 그냥 땀을 닦는 게 아니라 눈물을 훔쳐내는 것 같았다.

"인사하소. 나무한 시인이요." 언제 왔는지 언각이 법당에 들어와 있었다.

"말씀 많이 들었습니다. 기미연입니다." 언각이 나무한을 향해 합장을 했다. 잘해 보란 듯.

"오늘은 복날이기도 하고 그러니 점심 공양은 절 바깥에서 합시다." 언각의 제안을 따라 진도인을 함께 부르기로 했다.

점심 메뉴는 냉채 메밀국수에다가 옥수수 막걸리가 곁들여진 일종의 토속음식이었다. 스님이 고기 먹나 안 먹나 보자는 식으로 메기 매운탕이 준비되어 있었다. 매운탕에서 옅은 비린내가 풍겼다. 언각이 주인을 불러 향을 피우라고 했다. 주인은 향을 사르고 허브를 잘라다가 접시에 놓았다. 식성대로 첨가해서 들라고 권했다.

"절은 아무리 초라해도 신성공간입니다." 얼마간은 뜬금없는 소리였다. 나무한은 절이 절인 것은 향이 타오르기 때문이라는 생각을 곱씹고 있었다. 절은 늘 맑은 향이 타오른다. 풍경 소리에 묻히는 향. 삼십삼천 흘러가는 향 맑은 나의 노래……! 우스운 말장난이었다.

"기미연씨, 랭보 공부했다고 했어요?" 나무한이 물었다. 기미연은 예, 간단히 대답하고는 입을 다물었다. 나무한은 더는 할 이야기가 떠오르지 않아 마음이 쓰였다. 그때 진도인이 끼어들어 분위기를 바꾸려고 나름 애를 썼다.

"랭보라는 시인? 천재단명의 시인……." 진도인이 안타깝다는 듯이 혀를 찼다.

"그렇지만 자기 세계를 억척스레 개척해 나가며 살았어요." 기미연이 나무한을 쳐다보며, 안 그런가 동의를 구했다. 나무한은 사실 랭보를 그렇게 좋아하는 편이 아니었다. 열일곱 젊은 나이에 시인은 '견자'라야 한다고, 자기 선생한테 당당하게 대들던 광기 섞인 기질이 나무한을 겁에 질리게 했다. 시인이 견자라면 무얼 보고나서 죽어야 하나? 나무한은 헛헛하게 웃었다.

"지고의 정신이 깃드는 가람은 그 자체가 하나의 세계 혹은 우주를 형성하게 마련이지요." 각언이 절에 대해 하는 이야기였다. 그는 시인은 하나의 세계라고 이야기하고 싶어 했다. 그런 이야기를 들으면서 나무한은 더욱 자신이 졸아드는 느낌에 빠졌다. 그 세계에는 희로애락과 오욕칠정이 들끓기도 하지만, 끝내 도달하고자 하는 지점은 자기완성일 터였다. 그러나 나무한에게 자기완성은 아득한 피안이었다. 불교식으로 말하자면 적멸寂滅 혹은 열반涅槃이라야 할 터였다. 적멸의 끝자락에 광명으로 타오르는 그 가람이 시라는 세계일까. 그 넘볼 수 없는 해탈의 가람을 넘보는 욕망이 시를 빚게 한다. 나무한의 지론이었다. 그러나 자기가 넘보는 해탈의 피안은 구체적인 상이 안 떠올랐다.

"랭보를 공부해서 얻은 게 뭐지요?" 나무한이 기미연에게 물었다.

"내가 내 자신으로 돌아왔다고 할까요······." 기미연은 어깨를 들썩했다.

"득도를 했다는 뜻인가요?" 진도인이 끼어들었다.

"절망이지요." 기미연이 하늘을 쳐다봤다. 흰 구름 한 덩이가 궁성의 형상으로 떠 있었다.

"왜죠?" 나무한이 기미연의 이맛살에 잡히는 주름을 쳐다보며 물었다.

"그렇겠지요. 절망의 끝에 피어나는 만다라 같은 것이 시일 터이니까." 언각이 기미연의 대답을 대신하고 있었다.

"불행은 나의 신이었지요." 그건 랭보가《지옥에서 보낸 한 철》의 서시로 쓴 데 나오는 구절이었다.

미연은 찌개 냄비를 휘휘 저어 물고기 건더기를 건져냈다. 젓가락으로 메기 한 토막을 집어 들고 할랑할랑 흔들면서 언각에게 물었다.

"스님, 이거 먹고 해우소 가서 똥 싸면 물고기들이 살아나서 쫠쫠 물로 헤엄쳐 갈까요?"

"옴메니반메훔……. 썩을 인생 같으니라구." 나무한은 진도인의 얼굴을 흘긋 살폈다. 장면이 어떻게 전개될지를 알 수 없는 형편이었다. 기미연은 얼굴이 달아올라 보였다.

"썩어야 산다는 거지요?" 나무한은 자리를 잘못 잡았다는 생각을 했다. 나무한은 기미연과 언각의 대화 사이에서 주눅이 들어 오그라들고 있었다. 그러면서 한편으로 랭보의 〈모음, Les voyelles〉이라는 시를 생각했다. 그것은 불교의 독특한 진언 옴을 닮아 있었다. a-u-m이 하나로 응축된 옴om, 그것은 어쩌면 랭보처럼 a, e, i, u, o로 조음되지 않은 원형적인 소리, 소리 자체가 육체이고 영혼인 그런 소리일지도 모를 일이었다.

나무한이, 여자가 저래가지고 취직할 수 있을까 하는 생각을 되뇌고 있을 때, 기미연이 다가와 나무한을 일으켜 세웠다. 미연에게서 술내가 풍겼다.

"우리 춤추러 가요, 가요." 기미연은 광기로 번득이는 눈길을 휘두르며 나무한에게 기대왔다. 나무한은 감당하기 어려운 여자라는 생각을 하며 아내 베로니카를 떠올렸다. 베로니카도 첫 미팅에서 술이 한 잔 들어간 뒤, 나무한에게 '우리 춤추러 가요' 하며 그를 이끌었다. 나무한은 베로니카를 밀쳐 버리지 못하고 이끌려간 것이 평생을 살도록 한 계기였다.

"나는 춤출 때만 나 자신이걸랑요." 기미연은 자기가 따로 시킨 소주잔을 거푸 기울였다. 나무한은 랭보의 한 구절, "상처 없는 영혼이 어디 있으랴"를 속으로 되뇌면서, 미연의 상처가 치유 불가능 상태인지도 모른다고 짚어보고 있었다. 나무한이 어정쩡하게 서 있자, 기미연은 언각에게 다가가 손을 내밀었다.

"미연이 나한테 육보시라도 해 주면 춤추러 가 줄까." 언각의 한마디였다. 나무한으로서는 견뎌내기 고약한 장면이었다. 진도인도 혀를 끌끌 찼다.

"미연이, 들어 봐라, 말이라는 게 기운이다." 언각이 기미연을 방석 위에 주저앉히고는 엽차를 따라 주었다. 기미연이 엽차를 들이켰다. 언각이 이야기를 이어갔다. 어떤 말을 하는가에 따라 그 기운이 작용하는 방향이 결정된다. 못된 말을 자꾸 하면 몸이 그렇게 못되어진다. 그 말을 상대방이 받아들이지 않으면 못된 기운이 너를 친다. 그래서 너는 점점 망가진다. 너를 지켜라. 네가 곧 관세음보살이다.

"나를 지키면 뭐가 되는데? 나는 어차피 타인이라구요." 기미연은 울음을 참느라고 목울대가 격렬하게 오르내렸다.

"자네 영혼의 상처를 보기 전에, 오 계절들이여, 오 뭇 성들이여, 랭보가 읊은 대로 자네의 계절과 성들을 기억하란 말이지." 나무한은 시가, 자신은 결국 타자라는 깨달음에 이르는 언어의 미혹일지라도 시간과 공간을 넘어설 수 없다는 생각을 하고 있었다.

"말하자면 시는 하나의 가람인데, 시인은 가람을 짓고 독자는 그 시를 가지고 자기 가람을 만들어가지……." 그렇게 이야기를 꺼낸 언각은 미연의 잔에다가 새로 시킨 소주를 따라 주고, 이야기를 이어갔다.

시를 언어의 가람이라고 하자. 그런데 어떤 가람이라도 시간과 공간에 자리를 잡을 때라야 비로소 인식의 지평에 제 모습을 드러낸다. 언어의 가람인 시 또한 마찬가지이다. 시인은 간결한 언어 가운데 사물과의 교감을 드러내려 하기 때문에 시간과 공간의 인덱스를 감추어 둔 채 언어를 구사한다. 말하자면 그것은 의미가 배제된 사물과 같은 언어다. 그 인덱스는 개인적인 것일 수도 있고, 어느 시대, 어느 민족 등의 집단적인 것이 되기도 한다. 우리는 김소월의 〈초혼招魂〉에서 시인이 체험한 죽음이 언제 어디서 일어난 사건인가를 묻지 않는다. 그러나 최소한 죽음을 다스리는 민족의 미적형식 혹은 문화형식을 떠나서는 이 시를 이해할 수 없다. 시공간의 인덱스 없는 언어는 허상이기 때문이다. 시인이 시어의 시간적 공간적 인덱스를 감추고 언어를 운용하더라도 독자가 그 인덱스를 복원하면서 시를 읽는다. 독자가 복원한 시공간적 인덱스가 시인이 감추어 둔 인덱스와 맞아떨어지지 않는 게 일반이다. 얼추얼추 맞아떨어지면 해석의 끝자락에 닿았다고 자위한다. 그건 자기 속임이다. 그래서 자신은 자신에 대해 타자가 된다. 랭보 식으로, 주 시 로 트르!(나는 타인이다.) 그러나 그 타자는 자기로 수렴되어 들어오고야 마는 타자인 것이다. 그래서 나는 그대의 어떤 보시도 받을 마음이 없다. 자신에게 보시하라.

판이 뒤틀려 돌아가기 시작했다. 기미연이란 여자를 한중원대학에 소개해 달라던 언각의 속셈이 무엇인지 헤아려지지 않았다. 일

행과 헤어져 내려오는 길에 진도인이 따라붙었다.

"나시인께서는 저한테 시집 하나 안 주셨지요?" 전에 받은 저서 생각이 났다.

"내 시를 읽을 기회를 어떻게 드릴지?" 나무한은 진도인의 진의가 무엇인지 쉽게 파악이 안 되어 반문하는 식으로 물었다. 진도인은 전에 낸 시집 남는 거 있으면 몇 권 달라면서, 은혜 갚을 날이 있지 않겠나, 막연한 이야기를 했다.

"출판사 직원 얘기로는……." 속으로 뭔가 감추고 있는 듯 진도인의 말은 시원하지를 않았다. 어떤 시집을 전해 주어야 하나, 자신이 낸 시집 가운데 여분이 있는 게 무엇인지 꼽아 보면서 진도인과 나란히 걷고 있는데 전화기가 드르르 울렸다. 낯선 번호였다.

"전데요……." 밑도 끝도 없이 저라니? 세상 사람 모두가 자기를 알고 있는 것처럼 나오는 말투였다. 아니면 너 내가 누군지 알지, 하는 톤이기도 했다.

"제가 나부한입니다만……."

"아아, 저라니까요. 시인공화국 말예요." 그제서야 감이 잡혔다. 자기 회사에서는 시인의 시론을 시집 뒤에다 붙이는 것을 편집 방침으로 정하고 있다는 이야기였다. 그나마 '해설'을 달지 않는 것만도 마음이 놓였다. 나무한은 자기에게 배달되어 오는 증정본 시집에 붙은 '해설'을 그다지 신뢰하는 편이 아니었다. 해설을 달아야 독자가 알아먹을 시라면, 왜 그따위 시를 쓰는가 하는 게 나무한의 오기 같은 아집이었다.

"원고료는 따로 있습니까?" 나무한은 시집 묶어 주는 출판사 사정을 뻔히 아는 터이지만 질러보고 싶은 생각이 안에서 머리를 들었다. 예상했던 대로 자기 시집에 자기가 글을 쓰는데 무슨 원고료인가 되물었나. 나무한은 한 방 얻어맞은 느낌이었다. 알았다 하고는, 자세한 사항은 문자로 달라 하고 전화를 끊었다.

"시인은 매미처럼 이슬만 먹고 사는 줄 알았더니, 돈을 꽤 따지는 것 같습니다요." 진도인이 나무한을 짯짯이 쳐다봤다. 시인도 생활인이라는 이야기를 하려다가 말을 거둬들였다.

나무한은 며칠 머리가 어지러워 생각이 갈피가 잡히지 않았다. 원종사 절이 점점 불편해지기 시작했다. 시집으로 묶을 작품을 거의 정리했을 때, 나무한은 언각에게 이제 하산하려 한다는 이야기를 했다.

"하산이라니, 마음속에 산을 지니면 입산이 하산이고 하산이 입산이라오." 나무한은 그 동안 신세졌다는 인사를 치르고는 원고 뭉치를 챙겨가지고 집으로 돌아왔다. 언각은 기미연을 소개하는 일 잊지 말라고 당부를 거듭했다. 랭보를 잘못 배워서 구습이 돼먹지 못한 사람 소개하기 꺼려진다는 이야기는 차마 하지 못했다. 사람 소개 때문에 총장하는 친구에게 묶이고 싶지 않은 심사도 계산에 들어 있었다.

시인공화국에서 원고를 독촉하는 전화가 왔다. 한 번에 열 권씩을 단위로 해서 책방에 내놓을 것이기 때문에 시간을 맞춰 주어야 책이 같은 시기에 나온다는 것이었다.

"오랜만에 내는 시집이고, 독자의 흥미도 고려해야 하고." 나무한은 자신의 말투가 싫었다.

"그딴 궁리 따위는 접어두고, 시를 쓰고 읽는 과정을 평이하게 쓰세요." 이런, 이건 훈계가 아닌가. 나무한은 쉽게 쓰는 것이 얼마나

어려운지 아느냐고 하려다가, 알았다 하고는 전화를 끊었다. 사실을 기록하자는 셈으로 글을 쓰기 시작했다. 나무한은 자기가 입력한 내용 한 단락을 소리 내어 읽어봤다.

시는 시인이 쓴다. 독자는 시를 읽는다. 시인과 독자는 구체적인 시공간을 점하고 사는 존재이다. 산다는 것은 이야기를 만들어간다는 뜻이다. 이를 생애서사라 한다. 살면서 만든 이야기를 글로 서술하면 언어서사가 된다. 언어서사는 생애서사를 의미화하는 과정을 거친다. 시인이 시를 쓰는 과정 그 자체는 시인의 생애서사이다. 생애서사가 진행되는 과정에 포함되는 시 또한 서사성을 띠게 마련이다. 그렇게 본다면 시는 이야기이다. 시인이 자기 삶의 어느 매듭에 빚어낸 시 한 편은 그 삶의 과정과 분리할 수 없다.

나무한은 서기까시 읽고 믺췄다. 독자를 가르치려 드는 자신이 주제넘다는 생각이 들었다. 전에 미당 선생을 만난 적이 있었다. 〈동천〉이란 시가 무슨 뜻인가 묻자 이런 대답이 나왔다.
"글씨, 알랑가 모르겄는디, 이게 뭔 야근가 허먼……?" 서정주는 자네 사랑이라는 걸 해 봤는가, 묻고는 한참 있다가 이야길 이었다. 내 님을 사랑하고 사랑했더니, 어여쁜 눈썹달이 되어 하늘에 올라가 자리잡고 빛을 뿌린다. 그런데 심성 고약한 검은 새가 요거 한번 쪼아 볼까 하면서 달려들다가, 그게 지존의 사랑이 빚은 결정체라는 것을 알고는 쪼는 시늉만 하고 달아난다는 것이여. 지고의 사랑은 악운마서 돌려놓는 힘을 지니게 마련이라는 이야기를 했다. 자신은 아내 베로니카를 그렇게 사랑한 적이 있던가? 고개가 저어졌다.

글은 자연스럽게, 아니 의도하지 않았는데도 있는 그대로 써지지 않았다. 시라는 것에 가치를 잔뜩 실어 주고 있었다. 언어의 시공간적 조건에 대한 이야기는 좀 더 부연할 필요가 있다는 생각이 들었다. 나무한은 서재에 걸려 있는 족자를 우두커니 쳐다보았다. 두보의 '춘망春望' 두 구절을 대련 형식으로 만든 족자였다. 국파산하재國破山河在 춘성초목심春城草木深 두 구절을 한자로 쓰고 그 옆에는 훈민정음식 문자로 뜻이 풀이되어 있었다. "나라히 파망하니 뫼콰 가람뿐 잇고 잣 안 보매 풀과 나모뿐 기펫도다" 대상을 감정가치 실리지 않은 언어로 서술하고 있는 문장이었다. 그렇다고 울림이 작은 것은 또 아니었다. 나무한은 쓰던 글을 이어가기 시작했다.

언어는 기본적으로 '누가 언제 어디서 무엇을'을 전제하고서라야 성립하는 인간의 의미행위이다. '왜 어떻게'는 차후의 일이다. 두보의 절창 〈춘망〉의 첫 구절 국파산하재國破山河在가 의미 있는 언어행위가 되는 것은, 두보라는 시인의 삶의 과정에서 빚어진 이야기이기 때문이다. 안록산의 난리를 피해 시골로 가서 봄을 맞은 늙은 시인(당시 두보는 43세의 늙은이였다!)이 바라보는 산천의 처연한 아름다움을 떠나서는 이 구절은 빛을 발할 수 없다. 거듭 강조하거니와, 시를 쓴다는 것은 이야기를 만드는 일이다. 시를 읽는 과정 또한 독자 편에서 이야기를 만드는 의미행위이다. 내가 〈춘망〉을 배운 것은 고등학교 때이고, 다시 읽은 것은 30대 중반이었다. 나의 30대 중반은 광주에서 5.18을 겪었다. 나는 이 시를 읽고 울었다.

울었다고 쓰고 나니 유행가가 떠올랐다. 나무한은 혼자 흥얼거렸다. "사아나이 우는 마음을 그 누가 아랴, 바람에 흔들리는 갈대의 순정……." 아내 베로니카가 자기 순정을 알아줄까, 야속한 생각이 들었다. 자기가 번 돈이니 자기가 섬기는 하느님께 바친다는 그 순정을 어찌 꺾을 것인가 싶기도 했다. 도무지 우크라이나에서 어떤 선교활동이 가능한지 짐작이 되지 않았다.

"불쌍한 여자 하나 살려 주라는데 왜 연락이 없소?" 전화 속의 목소리는 언각답지 않게 각이 져 있었다. 시집에 들어갈 시인의 자기 시론을 먼저 써야 한다고 눙쳤다. 사실은 마음에 내키지 않는 일이었다. 그런데 왜 단호하게 거절하지 못하는지, 혹시 기미연이란 여자에게 속뜻을 두고 있는 것은 아닌가, 스스로 흔들리고 있는 중이었다. 나무한으로서는 극복이 안 되는 랭보를 공부했다는 여자, 언각과 맞서서 자기 다 풀어놓고 짙은 농담을 할 수 있는 여자는 사실 버거웠다. 자기 시를 시시하다 해서 폐업을 할 것인가 말 것인가 결단을 내리지 못하는 상황이었다. 그러나 기왕 빌린 일은 마무리해야 했다. 나무한은 쓰던 원고를 이어서 쓰기 시작했다.

내가 시를 쓰는 것은 이야기하기의 한 방편이다. 향기인 듯 바람인 듯 스치는 이야기가 있다. 흔히 이를 이미지라 한다. 이미지는 시공간에 거의 얽매이지 않는 특징이 있다. 벌판에 걸렸다가 사라지는 무지개 같은 이야기도 있다. 여행의 과정을 닮은 이야기도 있다. 여행을 닮은 이야기는 시간과 공간의 확실한 틀 안에 자리 잡는다. 이를 특별히 서사라 하는 까닭은 인간주체가 개입하기 때문이다. 인간이 없으면 빛은 존재하지 않는다고 한다. 인간이 보아야 빛은 비로소 존재를 드러낸다. 마찬가지로 이미지도, 홀연 나타났다 사라지는 에피

파니도, 서사도 인간이 있어야 의미공간에 자리잡는다. 향기를 맡는 사람이 없는데 그게 홀로 존재할 까닭이 없다.

내가 그때 거기서 본 꽃, 내가 그때 거기서 맡은 향기, 내가 그때 걸었던 그 길이라야 내 이야기 속에 들어온다. 햇살과 향기와 바람은 본격적인 이야기를 만들기가 쉽지 않다. 그래서 나는 이들을 시로 쓰곤 한다. 거듭하거니와 시는 이야기의 한 가지 탁월한 방식이다.

시도 이야기를 떠나서는 존재할 수 없다는 논지는 그런대로 살아 있었다. 이런 정도 써서 넘기면 되겠거니 하는 생각이 들었다. 진도인이 뜬금없이 집으로 찾아왔다.

"마나님은 집에 안 계셔?" 진도인이 물었다.

"전도를 한다나 봉사를 한다나, 우크라이나에 갔습니다." 나무한은 한숨 섞인 대답을 뱉어냈다.

"마나님이 야소부인이셔?" 진도인의 눈이 휘둥그레졌다. 왜 그렇게 놀라느냐고 나무한이 물었다.

"저런 낭패가 있나, 우크라이나라는 거그가 그 겁나는 카자크의 나라잖여, 히서 한국서 간 전도부인 치고 몸 성하게 돌아오는 이가 없다지 않습디요……." 진도인은 츳츳츳 혀를 찼다.

진도인이 아내 걱정을 해주는 통에, 나무한은 진도인과 함께 동네 중국집 장강루長江樓를 찾아갔다. 공부가주 한 병에다가 안주로 냉채와 동파육東坡肉을 시켰다.

벽에는 물각유주物各有主라는 액자가 걸려 있었다. 소동파의 〈적벽부〉에 나오는 구절이었다. 천지 만물 어느 것이나 그 가치를 알아보는 정해진 주인이 있다는 뜻이다.

"이런 거 물어보기 거시기합네다만, 기미연이란 여자분 무슨 띠랍디여?" 진도인의 얼굴에 익살맞은 미소가 번졌다.

"왜, 궁합보시게?" 나무한은 동파육 한 덩이를 잘라 진도인 앞으로 밀어 놓았다.

"중국말로 뚱퍼루라고 하는 이 요리가 왜 동파육인지, 아시오?" 나무한은 그 내력을 대강 알고 있었지만, 일부러 모르는 척했다.

나무한은 핸드폰을 열어 언각에게 전화를 했다.

"어어, 나시인, 어떻게 되었나?" 서두는 품이 여실했다. 나무한은 사람을 소개하자면 나이를 알아야 할 거 아닌가 엉너리를 치면서, 기미연의 나이를 물었다.

"자기 태어나던 때, 그의 아버지가 광주에서 총 맞아 죽었다니까……. 팔십년 생이겠구먼. 그 나이면 대학에 자리 잡는 데 아무 지장 없을 게야. 마침 원종사에 와 있는데……. 뭐가 더 궁금한가 다시 통화하세." 전화기 일방적으로 끊겼다.

"거긴 팔십년 생인 모양인데, 진도인은 생년이 어찌 되시던가?" 나무한의 질문에 낭패라는 듯이 진도인은 혀를 찼다.

"남녀 간에 열 살 차이면 어상반하지 않을까 히서……. 저시기……." 말을 더듬는 품이 오히려 속을 내보이는 꼴이었다. 한참 뭔가 망설이다가, 자기는 70년 개띠라서 둘이 견원지간이라 안 되겠다는 것이었다.

"하다하다 별난 얘기 다 하시요. 겉궁합이 그래도 속궁합이 짝짝 맞으면 서로 죽고 못산다잖아요." 나무한이 전화를 걸려 하자, 진도인이 손사래를 쳤다. 아직은 아니라는 거였다.

나무한은 잔을 손에 든 채 건너편 벽을 쳐다봤다. 거기 '物各有

主'라는 액자가 다시 눈에 들어왔다. 나무한은 언각에게 전화를 해서 기미연을 데리고 장강루로 오라고 일렀다. 언각은 선연이요, 를 거듭 외쳤다. 진도인은 공연히 사람 헛걸음 시키는 거 아니냐고 하면서도 입가에 웃음을 흘렸다.

"전날 결례한 데 용서도 구할 겸 뵙자고 할 판이었는데 잘되었습니다." 말공대가 터억 어울려 보였다. 사람이 참 음전하다고 할 상이었다. 기미연은 백팩을 열고 책을 두 권 꺼내 식탁에 놓았다. 그리고는 몽블랑 만년필로 나무한과 진도인에게 증정본 사인을 했다.

"책을 내셨군요, 축하합니다." 진도인이 책을 받아들고 인사를 건넸다. 나무한은 기미연의 책을 받아들고 딱히 건넬 만한 인사말을 찾지 못하고 우물쭈물했다. 나무한의 우물쭈물하는 성격이 아내 베로니카를 우크라이나로 내몰았는지도 모른다는 생각을 이따금 했다.

"미연씨, 프랑스 몽펠리에서 공부하셨군요?" 책갈피를 펴보던 진도인이 표준어로 말했다.

"어머 그걸 어떻게 아셨어요?" 기미연이 놀랍다는 듯이 눈을 크게 뜨고 진도인을 쳐다봤다.

"나도, 몽펠리에대학에서 수학한 프랑수아 라블레로 학위를 했습니다." 나무한은 처음 듣는 사실이었다. 나무한은 어, 이것들 봐라 하는 얼굴로 둘 사이의 대화에 끼어들 염을 내지 못하고 술잔만 홀짝거렸다. 뭔가 잃은 것처럼 가슴으로 바람이 새 들어오는 느낌이었다.

"저도 독주 좋아하는데……." 진도인이 일어서서 기미연의 잔에 술을 따랐다. 언각이 건배사를 하겠노라고 나섰다.

"이 술 한 잔 안에 우주의 기운과 인간의 유장한 역사가 녹아 있는 것이니, 이를 아는 자만이 이 술 들 자격이 있노라. 인간 또한 마찬가지라서 임자를 만나야 짝을 이룰 수 있는 것이니 그 임자는 늘 주인이 결정되어 있는 법이니라. 내가 '물각' 할 터이니 여러분은 '유주' 하시기요."

그렇게 늘어놓고는 물각하고 외치자 일동이 유주를 합창했다. 그게 기미연과 진도인의 결합을 비는 축복의 진언이라는 것을 나무한은 금방 알아챘다. 뒤의 일이지만, 임자를 만난 기미연은 대학 취직 따위는 금방 잊어버리는 쪽으로 일이 진행되었다.

"책을 받았으면 읽어 주어야 그게 진정한 독자입니다. 백사 페이지에 이런 대목이 있습니다. 제가 읽을 테니 들어보시지요." 진도인이 기미연의 책을 들고 읽어나갔다.

나는 이 나라 문인들의 완악스런 장르 의식을 혐오해 마지않는다. 그것은 편식이기 때문이다. 편식은 영양실소를 소래하고, 결국은 그 영양실조로 인해 문학의 죽음에 이르게 된다. 시를 짓든 소설을 쓰든 그건 하나의 주체 안에서 통일되고 융해되는 문학현상이다. 시인은 시만 쓰고 소설가는 소설만 지어야 한다는 이 나라 문학풍토는, 문학과 비문학을 갈라놓게 한다. 문학은 역사가에게는 역사이고, 철학자에게는 철학적 담론이다. 언어학자에게는 어느 시대 언어의 구체상을 보여주는 자료가 되기도 한다. 정치가에게는 경세의 책략이 되기도 하는 게 문학이다.

"저저히 옳은 말씀이요." 나무한이 동의를 표했다. 나무한의 주장과 완전히 일치하는 논리였다. 기미연이 말을 이었다.

"말하자면, 작가들에게 문학의 재미를 강요하는 건 독자들의 횡포예요. 문학의 재미는 독자의 취향과 수준에 따라 다양하게 성장하는 속성을 지니고 있어요." 기미연은 일행을 둘러보았다. 언각이 맞다고 맞장구를 쳐주었다.

"이거 한 구절은 다시 읽어드리지요." 진도인이 나섰다. 나무한은 자신의 문학행위와 기미연이 비평에서 주장하는 바가 얼마나 상합하는가 듣고 있었다.

문제는 인간 가능성의 최대치를 추구하는 문학을 위해 작가들이 얼마나 헌신하는가에 달려 있다. 인간 가능성의 극한치에 도달하기 위한 문학은 종교와 상통한다. 그렇게 본다면 문학은 존재의 초월을 도모하는 언어적 투구에 해당한다. 존재의 초월을 도모하는, 목숨을 건 모험에 세속적인 이해타산은 독극물이나 다름없다.

나무한은 가슴으로 무언가 벌컥 올라오는 것을 느꼈다. 이해타산이란 말 때문이었다. 그때 언각이 나섰다.

"나는 문학이 무서워 문학 떠난 사람입니다만, 그래서 번역만 하자고 나서긴 했습니다만, 진리라는 게 다른 데 있지 않고, 제가 먹을 거 장만해서 잘 먹고 잘 싸는 데서 출발합니다. 시니 소설이니 아귀다툼하는 건 우리 문단의 체증입니다." 막혔다는 뜻인가? 나무한이 물었다. 언각은, 문학은 말을 먹고 싸는 말의 똥인데, 완벽한 소화가 된 말은 향이 나고 체기가 있으면 구린내가 난다는 이야길 덧붙였다.

나무한은 출판사 시인공화국에 전화를 했다. 발신음만 가고 전화를 안 받았다. 나무한은 문자를 보냈다.

"나는 내 시를 감당할 수 없어서 총서에서 빠지고자 합니다. 적의 조처 바랍니다." 뱃속에서 막혔던 게 주욱 밀려 내려갔다.

"들어보세요." 진도인은 기미연의 책을 읽어나갔다.

> 부단히 존재의 한계를 넘어서려는 시도를 하는 문학에 시와 소설의 경계를 갈라놓는 게 무슨 의미가 있을 것인가. 설령 어느 작가가 두 영역을 넘나든다고 해도, 작가의 몸 안에서는 시와 소설은 상상력의 다른 스펙트럼일 뿐이다. 그런 뜻에서 나는 시와 소설 작업을 동시에 진행하는 작가들에게 경의를 표한다.

"주옥같은 문장이 계속 이어지지만 여기까지만 읽는 걸로 하겠습니다. 아무쪼록 책이 잘 팔렸으면 좋겠습니다." 진도인이 다시 건배를 청했다. 그리고는 나무한을 향해 비소를 날렸다.

나무한은 시와 소설을 함께 하겠다고 고집하다가, 시도 소설도 변변치 않은 지경에서 끝장이 나고 말지도 모른다는 우려에 휩싸여지냈다. 나아가 어느 비평가의 존경을 받을 일이 도무지 바랄 게 아니었다. 그러나 서사적 긴장력을 잃을까 두려워한 나머지 향기와 바람과 무지개를 모두 잃고 싶은 생각은 없었다. 장대한 이야기를 모색하는 가운데 작중인물의 의식을 스쳐가는 것들에 대한 애정을 버릴 수 없는 일이었다. 극단적 세부사항과 이념적 추상성의 최대치를 통합해내는 것을 문학의 몫으로 인정한다면, 둘 다 버릴 수 없는 게 문학인의 사명 아닌가 하는 생각을 하다가, 아내 베로니카의 얼굴이 떠올랐다. 아내는 진리 가운데 즐거워하고, 남편은 메타포와 서사의 늪에 빠져 허우적거리고 있었다. 랭보와 라블레는 과격하기 짝이 없는 자기 시대의 메타포였다.

나무한의 전화기에서 수신음이 울렸다. 아내 베로니카와 동영상이 연결되었다.

"전화 한 번 없고, 사람이 왜 그래요? 나 내일 정오에 인천공항에 도착해요." 나무한은 음음, 마치 '옴'을 외는 소리를 하다가 통화정지버튼을 눌렀다.

나무한은 두 손으로 핸드폰을 부르쥐고 몸을 와들와들 떨었다. *

빛나는 시 100인선·075
우한용 시집

검은 소

초판 인쇄 | 2018년 10월 20일
초판 발행 | 2018년 10월 25일

지은이 | 우환용
펴낸이 | 서정환
펴낸곳 | 인간과문학사

주 소 | 서울특별시 종로구 삼일대로32길36 305호(익선동, 운현신화타워빌딩)
전 화 | 02)3675-3885, 063)275-4000
등 록 | 제300-2013-10호
E-mail | human3885@naver.com   inmun2013@hanmail.net

값 9,000원

ISBN 979-11-6084-080-3 04810
ISBN 978-89-969987-4-7 (전 100권)

* 저자와 협의하여 인지는 생략합니다.
* 잘못된 책은 바꿔 드립니다.

> 이 도서의 국립중앙도서관 출판시도서목록(CIP)은 서지정보유통지원시스템 홈페이지(http://seoji.nl.go.kr)와 국가자료공동목록시스템(htpp://www.nl.go.kr/kolisnet)에서 이용하실 수 있습니다. (CIP제어번호: 2018032746)

Printed in KOREA